大展好書 好書大展

大展好書
好書大展

社會人智囊

22

# 公司新鮮人的禮儀規範

大榮管理應對研修小組 著
蔡媛惠 譯

大展出版社有限公司

# 前　言——致對禮儀規範陌生不安的社會新鮮人

上班族的禮儀規範涵蓋範圍非常廣泛，從與客人的簡短談話到與上司的應對，都需要有很自然的上班族身段，這關係著工作是否能順利成功，創造一個「適切的環境」實在不可或缺。

這麼說起來，是否一定要非常戒慎恐懼呢？

其實並非如此，因為你最起碼也是一個二十歲左右的人，已經具備「某種程度的基本知識」，但由於這是上班的場合，所以還是要對上班特有的禮儀知識有所了解，而唯一的辦法就是將之視為必備知識，詳加熟記。

譬如，當你接到別人的名片時，這時你才想著怎麼辦已經來不及了，所以，在禮儀中的「固定做法」部分，除了把它背起來外別無他法。

本書以問答方式讓讀者瞭解上班族的基本禮儀規範，及一些在實際場合會碰到，卻不好意思請教他人的問題。

在解說中會將為什麼要如此做的理由及根據列舉出來，有助將之如知識般深深刻劃於腦海中。建議你不妨將此書放進手提箱中隨時翻閱，當書皮翻爛時，正是你成為如假包換的上班族之時了。

# 目錄

## 第二章　說話技巧

### ——您的遣詞用句恰當嗎？

## 第三章 電話禮儀
### ——瞭解以下問題就可獨當一面

## 第四章　接待賓客

### ——嫺熟此道的職員可直登龍門

〔BASIC〕

## 第五章　婚喪喜慶
### ——衡量一個人氣度的指標

# 第一章

## 一般常識

每個人都瞭解嗎!?十七題問答題

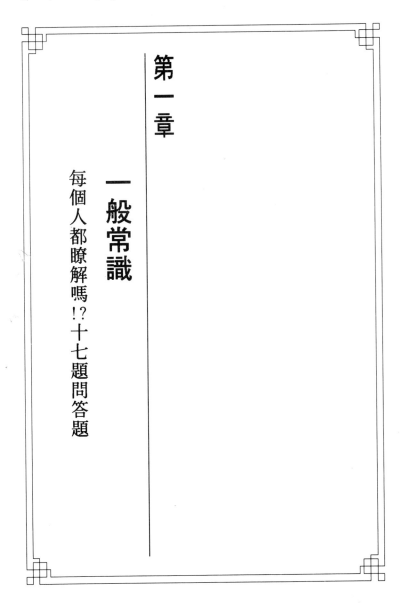

在此所謂的一般常識，通常會直接連想到「禮儀規範」，但雖稱之為上班族的一般常識，其所涵蓋範圍卻非常廣。譬如，你想要休假時，如何才能減少對公司的影響；雖然想稍微表露自己的個性，但要穿著怎樣的服裝較好?……等；甚至於工作之前應該如何健康管理，也是重點之一。

這些是你在學生時代從不關心的事情，或者是因與自己無關而從不需要知道的事情。

社會是和學校完全不同的環境，這裡沒有教科書、講義，也沒有人會整天在身旁教導你，不過當你突然面對時，卻會以為「我當然知道這些事情呀!」

我們能充分瞭解當你突然面對這些事情時的震驚與焦急。雖然你非常努力於工作，但有些知識是你對工作再努力、再熱忱也彌補不了的部分，希望你可以藉由本書來吸收。

如果你只是把「禮儀規範的一般常識」當作一般營養來看，也許它無法給你太大幫助，而你若能將之視為身體發育不可或缺的維他命，相信它能對你有所助益。

## BASIC—1　教養查核

## 您知道五項上班族不可不知的禮儀規範嗎!?

**請由以下選出五項上班族的基本禮儀。**

(1)、婚葬喜慶
(2)、流行服飾
(3)、表情
(4)、遣詞用句
(5)、經濟新聞
(6)、股市現況
(7)、招呼
(8)、最新話題、消息
(9)、裝扮
(10)、態度
(11)、公定規律

**解答** (3)、(4)、(7)、(9)、(10)

## 解說

這不僅限於上班族，而且是人際交往中的基本事項，就是招呼、表情、裝扮、態度、遣詞用句五項。

身為上班族社會中的一員，首先要知道如何打招呼。也許你會笑以為打招呼是多麼簡單的事情，但是別忘了有「那個傢伙連打招呼都不會」的言語表現法，可見的確有些人不懂如何打招呼。甚至有些公司總經理說道，僅觀察一個人的招呼方式，就可以瞭解他的為人，所以打招呼真的非常重要。

或許你認為表情、裝扮、態度是取決於自己的事情，但是由他人眼光中所見的感覺是「那傢伙怎麼會是這樣呢？」可見足堪影響別人的看法，你是否有自信呢？最後談談關於遣詞用句，與其去檢定通過英文第一級，倒不如先學會正確使用國語。有些營業員說話時的遣詞用句非常奇怪，像這樣的人不要說是客戶，連上司也不會信任他。

## BASIC—2　教養查核

### 不允許混淆的職銜及職位高低

**1 請將下列職銜按高低順序排列。**

(1)董事長
(2)常務董事
(3)執行常務董事

**2 請將下列職務按高低順序排列。**

(1)處長
(2)襄理
(3)經理
(4)協理

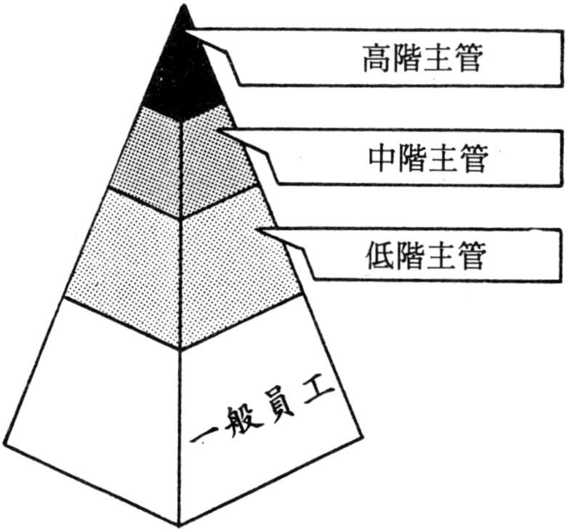

解答

1、(1)→(3)→(2)

2、(4)→(1)→(3)→(2)

解說

1所謂董事長通常是指公司的負責人，也就是公司經營者的最高階職位；所謂執行常董，是從幾位董事中選出一位執行常董，負責全面性的監督公司業務；常董則是協助董事長及執行常董處理公司日常業務，例如直接擔任各部門的負責人。

作為一個企業人，最好對於公司的組織有所了解。

一般說來，董事以上都是公司的高階經營人，而協理、廠長、經理等屬於中階管理人員，而主任、課長等則是低階管理人員。

2本題所列的職務會因公司規模、營運方式、組織型態而有所不同，最好將這些頭銜、職務的順序瞭解清楚，由於擔任這些職務皆屬得來不易，所以不要顛倒順序，不然會得罪於人。例如，不要把襄理放在處長之前優先禮遇，這可會得罪處長喔！

## BASIC——3　教養查核

### 健康身體是上班族的本錢！

1 由營養學的角度看來，一天應該攝取多少種類的食品？

(1)十種
(2)二十種
(3)三十種

2 上班族平均一天走多少步？

(1)二千步
(2)四千步
(3)八千步
(4)一萬二千步

**解答** 1、(3)　2、(2)

## 解說

1一個身體健康的人才能於公於私都充實愉快。食品大都含有微量的致癌物質，所以重複食用相同食品會使致癌機率增加，因此食用多種類的食品可以防止癌症及成人病，以維持健康的體魄。

有些上班族不吃早餐、中午吃碗陽春麵、晚餐則以豬排飯等解決，總共食品項目頂多十三種，這種人大概是準備搭上過勞死烈士列車的樣子。為了維持一天活動的熱量消耗，早餐、午餐一定要吃得非常豐富，而晚餐則可以吃得清淡些，這才是理想的進食法。

2一個上班族整天至多只能走六千步到八千步，但是為了維護健康，最好的方法是以一萬步為目標，不需要一開始就急於達成目標，可以慢慢的增加步數。

學生時代經常有機會從事打球、滑冰等運動，一旦成為上班族卻容易缺乏運動，所以有些人入社會一至二年就很快的發胖，最簡便的手段就是利用「走路」來做運動。如何有效管理用餐、運動、消除壓力，正是考驗你能力的一部分。

## BASIC——4 教養查核

### 與人交談時應保持的距離

**對於一個初次見面的人，應該與他保持多少距離為佳？**

(1)、五十公分
(2)、一公尺二十公分
(3)、三公尺
(4)、五公尺三十公分

解答(2)

## 解說

與初次見面的人最好不要跨越一公尺二十公分的距離!現代有越來越多人對「人際空間」的感覺遲鈍，最大的原因在於生活環境。譬如狹小的居住空間、利用塞滿人的電車通勤、通學，因為人口衆多而使得私有空間越發狹隘，現代人在這樣的生活中不知不覺失去空間感。但是，絕不能因此而不注意這些細節。

希望你能好好考慮與對方的距離、空間以及接觸所代表的意義，這些表達出的是親密度、尊敬度以及心理狀態的身體語言，由你對「人際空間」的拿捏態度，可以讓對方知道你在人際關係的細心度、瞭解度，最好能留意一點。

理想的範圍區在一公尺二十公分至二公尺十公分之間，你千萬不要魯莽的踏入對方勢力範圍，以免失禮;萬一不小心碰到對方或打斷對方的談話，身為大人的你當然要用語言表達歉意，一句「對不起」「抱歉」就能緩和雙方的尷尬氣氛。唯有能充分掌握人際空間的人，才能藉由適時的勾肩、搭背來打開對方心防，身為上班族，必須藉著空間的拿捏傳遞無言的訊息。

## BASIC—5　第一印象

### 決定第一印象的時間及關鍵為何？

**1** **外表是決定上司、同事或顧客對你的印象之重要關鍵，但是多久時間會決定別人對你的第一印象呢？**

(1)、六秒　(2)、十六秒

(3)、六十秒　(4)、六分鐘

**2** **那些事項會決定對方對你的第一印象？**

**請選擇以下三項。**

(1)、職業　(2)、年齡

(3)、聲音　(4)、性格

(5)、姓名　(6)、外觀

(7)、知識　(8)、遣詞用句

(9)、籍貫　(10)、學歷

## 解答 1、(1) 2、(3)(6)(8)

## 解說

1這就是所謂的一瞬間決勝負，但是給予對方的印象卻相當的強烈。只要六秒鐘就可以決定第一印象，而你若運氣不好給人留下不好的印象，可能要花費許多的努力及相當長的時間才能改變這種印象。所以與其要花費許多苦功，倒不如讓別人在第一次就對你留下好印象。

2第一印象由表情、態度、服裝等外在部分所佔的是百分之五十五，聲音佔百分之三十八、說話佔百分之七，也就是說，「乍見的觀感」佔絕大部分比例。第一印象之所以非常重要也在於此，因為有很多人甚至只憑外表部分來評斷一個人的人格，例如，第一次見面時他是「講話時低著頭」，就認為「沒有精神」→「個性晦暗」→「沒有自信的人」，所以最好讓表情隨時很明朗、保持爽朗的笑容。

上班族的態度也非常重要，我想你經常聽到所謂的身體語言，人類通常會無意識的藉身體傳達各種訊息。例如，你嘴裡說：「放心交給我！」但眼神卻遊移不定的飄動，這便無法取得別人的信任，所以即使在說謊，也要用身體表現出真實感。不只是要注意裝扮，對態度也同樣要很用心才行。

## BASIC—6　寒暄

### 不會寒暄是否就沒有前途呢？

**以下句子那一個是正確的？**

(1)、寒暄時視線交會是失禮的。

(2)、如果沒有機會，就等下一次再寒暄吧！

(3)、最好不要討論月亮、天氣等話題。

(4)、看著對方的視線點頭致意。

**解答 (4)**

## 解說

寒暄之道在於①目視、②率先、③有精神。

(1)、目視：視線的接觸與否，決定著寒暄的效果，如果你注視著對方，那麼對方想不看你也難。但是不要一直緊盯不捨，因為在動物世界中，眼神的接觸是帶有挑戰的意味。

(2)、寒暄是在當日第一次碰面時一定要做的事情，必須切記。在上班時間不打招呼便直接談話，這會非常不自然，而且不打招呼的傢伙很難獲得認同，對方會認為你根本不把他放在眼裡，因此剛見面的一瞬間就是打招呼的最佳時機。

(3)、打招呼有其固定的說法，雖然有些陳腔濫調，卻會帶來相乘效果，也能讓對方更有親切感。

(4)、招呼之後再加上敬禮致意，更會給人有禮貌的印象，一流的飯店或餐廳都是這麼做。但這也可以因時制宜，譬如當忙碌的工作中途遇見時，就不必停下立正來個四十五度的鞠躬，只要在十公尺處點頭致意即可。

## BASIC—7　離席

# 離開座位也有規矩

**要離開座位時，下列那一項為適切作法？**

⑴、因私人事由到銀行、郵局去。

⑵、外出前告知周圍的人所到之處及預定回來的時間。

⑶、即使去上廁所也要告訴旁邊的人才算禮貌。

⑷、只要是在公司裡面，離開二十至三十分鐘也不需告訴別人。

## 解答 (2)

## 解說

只要離開座位超過十分鐘以上，基本上就應告知旁人。如果是外出時，則必須告訴同事要去的地方及回來的時間，否則當你外出期間有事連絡，將令別人不知如何應對。

私人事由的外出必須受公司時間的制約，不應外出從事非工作的事項，因此，不論到銀行匯款或去郵局，基本上應該利用午休時間，這是常識，不能理直氣壯的在上班時間辦自己的事情。

除非萬不得已的情況下，才在工作告一段落時速去速回。

## BASIC—8　遲到或病假的連絡

### 遲到了！身體欠安……應該怎麼連絡？

**1 快要遲到時該怎麼辦？**

(1)、如果是因電車事故而導致遲到，因為新聞會報導，所以不需要特別告知公司。

(2)、為了儘早到達公司，所以假使遲到在十分鐘以內，可以不必連絡，趕快到公司去。

(3)、馬上打電話到公司致歉，並傳達會遲到的訊息。

**2 因為昨晚頭痛、想吐而且發燒，所以早上起床時全身無力，這時你該怎麼辦？**

(1)、身為公司的員工，自己的工作應該自己負責，所以無論如何也不能休息，應該上班去工作。

(2)、為了不想過勞死，所以立刻到醫院去，在治癒之前向公司請假。

(3)、在上班時間開始前先以電話向公司請假，等到身體復原後再去工作。

解答 1、(3) 2、(3)

## 解說

1上班族的鐵則就是「不能遲到」，希望各位牢記在心。但是，這個世界上隨時有未知的事發生，所以如果你覺得自己快遲到了，最好馬上和公司連絡，雖然你猜想大約十分鐘內會趕到，不過事實上可能會遲二十分鐘也不一定，因此儘快和公司連絡較好，而且公司方面也許有些緊急事項要轉達給你，馬上和公司連絡為佳。

2(1)對自己的工作負責是當然之事，但若太過勉強而令病情惡化，則非常危險。另外，假使去上班而中途又發生狀況，反而會對周圍的人造成困擾，因此，請假應該按照自己的體能及工作狀況，隨時作臨機應變。

(2)不與公司連絡就擅自缺勤，可說是失去身為員工應有的準則，甚至自己的人格也會遭受質疑，所以這時更需利用電話這種方便的通信工具。

(3)假使當天因身體狀況不佳無法上班，則上班時間之前一定要自己和公司連絡。請父母親連絡，對於社會人來說是相當羞恥的事（當然緊急住院時又另當別論）。

## ≪敬禮三態≫

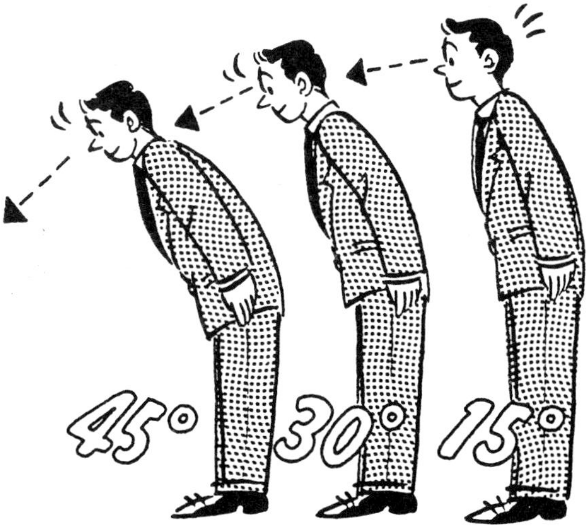


最敬禮45°
表達最深的敬意
致歉及致謝時使用

敬禮30°
表示敬意
送往迎來時使用

點頭致意15°
輕輕點頭
行目視禮時使用

敬禮的關鍵在於頭—背—腰的曲線不能彎曲。許多社會新鮮人敬禮多是只有脖子朝下的「駝背式」，如果你敬禮時脖子和襯衫領子之間有空隙，就是屬於「駝背式」，不妨實驗看看！

禮儀規範專欄

## 受歡迎男士的三大條件

1、很能幹（有責任感、企圖心）。
2、經常打扮得整整齊齊。
3、對誰都很親切、不現實。

↑

一般的女孩子都喜歡安定，也就是很能幹的男子較適合，這樣的價值觀是由於她們下意識判斷，選擇如此的對象在經濟上的困苦可能性較低。另外，女孩子「愛乾淨」的傾向較強，對於指甲中藏汚納垢的男性，從生理上就無法接受。而且女孩子本能上不喜歡男性過於斤斤計較，因為過於計較的人基本上比較缺乏人情味，通常只會愛自己，只愛自己的男性會對安定帶來威脅，而自古以來女孩子就將得到男性的愛情，視為踏上安定的光明大道。

不受歡迎男子的三大條件……

1、講話不經大腦。
2、自以為了不起。
3、愛批評。

## STEP UP—1　服裝儀容

### 聰明人如何使用公司的儲物櫃

**以下那些物品是不需要常置於公司儲物櫃中？**

(1)、摺疊傘
(2)、襯衫
(3)、刷牙用具
(4)、刮鬍刀
(5)、針線包
(6)、指甲刀
(7)、黑領帶
(8)、個人電腦
(9)、藥品
(10)、梳子

解答(8)

## 解說

除非你是電腦軟體製作者，否則不需在櫃子中擺放個人電腦。而其他所列舉的九項，稍具常識的人都會認同將它們放在儲物櫃中的方便性，其中特別針對襯衫、黑領帶及針線包加以說明。

首先是襯衫。有時你會因搬運物品而弄髒襯衫，或是吃炒麵時被醬汁弄髒等等，有時可能臨時要參加葬禮，有件白襯衫擺放在衕櫃中相當重要，而有時候可能要從公司直接去守靈或告別式，這時黑領帶便派上用場了。

關於第三項的針線包，也許你會想「這種事交給女同事就可以了」，但是有時候在女職員全部下班時，西裝的釦子掉落，而三十分鐘後就要接待來公司的客人，這時你該怎麼辦呢？能幹的男性就可以從這種事情上表現出來。

雖然人總難免會出點狀況，但這也考驗出你是否為具有事先準備能力的人。

## STEP UP——2　寒暄

### 你在公司內碰到這些狀況會怎麼應付？

**1 在走廊上碰見早上碰面時已寒暄過的其他部門同事，這時你會選擇以下那一項？**

(1)、當作沒看到。

(2)、輕輕點頭、作目視禮。

(3)、早上已經打過招呼，所以沒有必要再特地打招呼。

**2 當你下樓梯時上司正好上樓梯，這時應該怎麼辦？**

(1)、馬上深深的鞠躬、打招呼。

(2)、當快到達面對面位置時再打招呼。

(3)、等到上司通過，自己站到下位時再打招呼。

解答 ①、(2) ②、(2)

## 解說

①在公司行進之間，碰見早上已經寒暄過的其他部門同事，這種狀況經常發生。由於彼此都知道對方，如果擦身而過卻視而不見會非常奇怪，而且非常失禮。這時你可以看著對方的臉、輕輕點個頭，即使只是作目視禮也會博取好感。就算你們已經碰面好幾次，總還是有時間說句「又碰面了！」的話吧！

②當你在階梯或窄路與別人擦身而過之時，彼此要有禮讓之心，尤其是和長輩擦身而過時，為了特別表示體貼對方的心意，應該稍微側身讓行，也就是要以「半身的姿勢」禮讓再擦身走過。

在樓梯上與長輩擦身而過時，由於由上往下向長輩寒暄非常失禮，所以你應該走到互相差二至三個台階的位置時再打招呼；如果在居高臨下的位置就與長輩目光接觸，可以先輕輕點頭微笑，走到對面位置再慎重的打招呼。

對於這些小細節，也要站在體貼對方的立場上加以注意，希望你別忘了成功的人是不會忽略小細節的。

# STEP UP——3　寒暄

## 只說「嗨！」不算是打招呼！

**以下何者正確？**

(1)、當上司從會議中走出來時，要對他說「偏勞您了！」

(2)、一句話也不說的從鄰座拿過日曆來。

(3)、當別人讓你先影印時，只說一聲「謝了！」

(4)、對下午才上班的前輩可以說聲「您好」。

**解答** (4)

## 解說

與人寒暄有各種各樣的模式，例如說一聲「你好嗎？」也算打招呼，或者在下午三點時請別人幫你倒杯茶，說聲「謝了！」也算是打招呼，也有所謂「回答之前先客套」的說法，所以「是的」這句話也算是打招呼。

(1)、「偏勞了」「你辛苦了」這樣的話，基本上是不對上司使用的。但是，因為使用「辛苦了」的情形越趨普遍，現今即使你對上司說也不會不太對勁。

(2)、最近有越來越多人在拿別人的東西時不說一句，或者什麼也不說的從後面往前擠，為什麼不能說一聲「對不起，借過」等等呢？或許是現代人太懶於開口，以致於說話能力愈發退化了，所以最好開始多開開尊口吧！

(3)、「謝了」本來是「謝謝您的幫忙」「謝謝，打擾您了」的省略語，在朋友之間可以省略，但是身為社會人最好別如此使用，應該將謝意完整表達出來才好。

(4)、對長輩說「歡迎」或「您好」也許會有點尷尬，但總比什麼都不說要好得多。

## STEP UP——4　寒喧

### 向遠處的人打招呼之時機為何？

**當你在公司走廊或月台、馬路上，看到認識的往來廠商或公司同事時，應該如何打招呼呢？**

(1)、因為距離很遠，為了引起對方注意要大聲打招呼，然後在擦身時站定再一次寒暄。

(2)、當雙方距離尚遠時裝作沒看到的樣子，等到雙方面對面時再打招呼。

(3)、當雙方距離尚遠時先輕輕點頭微笑，在擦身時如果可能再站定打招呼。

解答(3)

## 解說

在雙方的距離還很遙遠時，由於對方不見得已經看到你，所以輕輕點頭致意感覺較好。前面已說過多次，明明認識對方卻裝作沒看到，這是最失禮的行為，因此第(3)項的動作最為適切。

(1)、在這種情形下，為引起對方注意而大聲打招呼，可能會讓周圍的人以為發生什麼事而對你行注目禮。或許你會以為對方（往來廠商或公司同事）根本不認得你，而裝作不認識的樣子。另外，當擦身而過時未必一定要站在面前打招呼，也許對方有急事，或是在人群之中突然停下來打招呼，也會對周圍的人造成困擾。

(2)、明明看到對方（你先看到對方）卻裝作沒看見，會讓對方覺得你是故意忽視他，尤其在面對面的時候更為尷尬。

## STEP UP——5　休假

### 休年假是否有技巧？

**想趁著連續假期去旅行，但是不知道新進人員是否可以休年假？**

⑴、由於這是公司給你的福利，所以愛什麼時候休都可以。

⑵、為了拚前途，所以儘量不休年假。

⑶、聰明的作法是伺機而動。

解答(3)

## 解說

年假雖然是員工的權利，但還是有些古板的員工認為「這個權利是在義務盡完之後才能享有」，所以一些新進員工會非常迷惑自己是否享有這種權利。

有些新人原本只是去離島玩兩天，但因為颱風而被迫請了一個星期的假，在這樣的消息之下，有些比較聰明的員工就會選擇較好的行程，而不至於影響太多工作。

對一個上班族而言，其評價不在於是否休假，而在於是否能工作，所以也不需要太為休假的事煩惱。

新人因為理論上說來其工作能力如何尚待證明，應該沒有休假的資格，但是也要視公司的狀況而定，最好的辦法是先觀察四周的情形再伺機而動吧！

## STEP UP——6　工作的優先順序

### 應該優先處理協理交派的工作或經理交派的工作呢？

**當協理交派工作給你時，經理又突然有緊急工作交派，應該怎麼辦？**

(1)、告訴協理因為臨時有緊急工作，所以不能馬上處理他的事情。

(2)、協理的工作比經理重要，所以要優先做協理的工作。

(3)、告訴經理現在正在處理協理的工作，請他先與協理協調後，再做經理的工作。

## 解答 (3)

## 解說

所謂工作的優先順序，有時是自己無法下判斷的。就職位來說，協理當然比經理高階，但誰的工作應該優先，應該依工作本身的輕重緩急來決定，不應該只依自己的判斷來決定，所以第(3)項方法最合乎道理。

或許你會覺得很麻煩，但在社會中工作最好那一邊都不得罪。

(1)的狀況，優先順序雖然正確，卻涉及協理的面子問題，這是超越自己立場的行為。由你去向協理說「因為經理的工作非常緊急，所以我要先處理」，協理的立場可能會認為「為什麼要由你來決定呢？」心裡不太痛快。所以，最好的辦法是請經理直接向協理說，在取得協理的諒解後再做經理的工作，這才是不得罪人的作法。

那麼，如果這時協理不在怎麼辦？這時就由經理來下優先順序的判斷吧！

## STEP UP—7　事務機器的處理

### 傳真函上應記載那些事項？

當你要傳真訊息給往來廠商時，空白傳真紙剛好用完了，你必須自己手寫。以下事項都應寫在傳真函上，還有一項不能不寫的是什麼？

- 收信人名稱
- 公司名稱
- 部門名稱
- 發信人名稱
- （　　）
- 傳真號碼
- 日期

解答　電話號碼

## 解說

發送傳真時，應該像寫信封一般寫明收信人名稱及其他事項，因為不寫清楚會造成有緊急連絡事項時雙方的困擾。

所以，除了要寫明發信人的公司名、部門名及發信人姓名之外，最好再標明傳真總張數，這樣會比較親切，書寫方式為將總張數作分母、各頁數為分子來表示，如此一來若對方收信有缺頁，缺那一頁就一目了然。而且為了讓收傳真人連絡方便起見，也有必要將公司電話及傳真號碼一併標明。

## STEP UP——8　事務機器的處理

### 使用事務機器時的默契

**請選出使用事務機器時的不適當事項。**

(1)、影印機故障時，若隨意檢修可能發生危險，所以最好置之不理。

(2)、在處理電腦文書時剛好有自己的電話打進來，這時最好先儲存之後再離座。

(3)、當大量影印完之後，應該確認紙匣中的紙充分夠用。

(4)、在傳真發信前應先以電話和受信對方連絡。如果你是收信人，應該在接到傳真後與發信對方電話連絡，以免有所失誤。

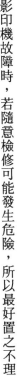

解答 (1)

## 解說

(1)、因自己操作失誤而令影印機故障，此時嚇得逃跑的人相當沒知識，因為影印機夾紙而逃跑，從影印機中夾著的片紙隻字，很容易就讓人查出犯人是誰，而且倉惶逃離現場時，也許會將原稿留在原處。可能你平常表現還不錯，但是一旦做出這種事就會被貼上「自私、只顧自己不管別人」的標籤，所以自己引起的麻煩應該有始有終的擔當起來，如果自己無法修理就請專家來修理。

(2)、即使只是離開片刻，還是應該養成將輸入資料隨時儲存的習慣，這可以防止離開時因別人無意而使資料消失、或是停電當機等意外狀況。在團體工作中有許多意外狀況，必須要有某種程度的自我防衛才行。

(3)、對於共同使用的東西，必須注意自己使用後不要造成別人的麻煩，因為這些小動作別人也會看在眼裡。

(4)、傳真機雖然方便，但相反的也需要一些麻煩的動作。你在發傳真之前要先打電話，傳過去之後還要電話確認對方是否收到，就像第(4)項的程序一般。還有一個方法是等到發傳真過去後，再打電話確認對方是否收到。

## CHECK——1　一般常識

**關於以下服裝儀容的敘述，適當的請劃○，不適當的請劃×，並說明理由。**

⑴、選襯衫要選領口越合身的越好。
⑵、為了使西裝脫離「陰溝老鼠的顏色」，所以可以選紫色、綠色或黃色西裝。
⑶、由於領帶是服裝中最突出的特色，所以要選紅領帶。
⑷、鞋子還是以黑色為主，應該多穿黑色鞋子。
⑸、為了讓襪子有輕快、輕便感，應該選擇白色或米黃色較好。
⑹、西裝鈕釦一個沒有扣並不算失禮。
⑺、使用古龍水或刮鬍水沒有關係。
⑻、萬用手册或名片夾等隨身物品，最好用名牌較顯眼。

## 解答／解說

服裝儀容的三大原則為①清潔、②有品味、③適合場合。

(1)× 襯衫太緊較容易髒，所以購買前應請店員幫你量好頸圍、袖長，買適合自己的尺寸較好。

(2)× 深色西裝就色彩形象來說最為理想，也就是對任何人都不會感覺礙眼的顏色。

(3)× 紅色領帶雖會給人有活力的感覺，但也並不是非紅色不可，最主要是整體配色要協調。

(4)× 鞋子、皮帶最好配合西裝顏色，如果穿著棕色系西裝，就應搭配棕色系皮鞋、皮帶較好。

(5)× 運動襪是運動時才穿著，如果上班族穿運動襪，整體感覺將會不好。

(6)◯ 即使是正式場合，西裝最下面一顆鈕釦不扣也沒有關係，不管站著或坐著時都可以。

(7)◯ 你已經是個社會人士了，如果身上還留有睡覺時肥皂水的味道，會讓人對你的幹勁質疑。在身上灑點氣味清爽的古龍水會令人對你產生好感，但如果出電梯後電梯中還留有味道，就表示灑得太多了，只需要淡淡的清香即可。有人說拼命灑古龍水的人是為了讓自己更為性感，所以最好注意一點。

(8)×　自己使用的工作物品或經常要在人前拿出來的東西，如果刻意炫耀名牌，這是非常沒有品味的作法，所以你沒有必要從這種地方特別表現個性，只要在工作上表現自己的價值即可。

禮儀規範專欄

## 有力的服飾

這是在紐約經常被提出使用的一句話，代表著能帶給人們內心正面影響的服裝儀容。

誰都有這樣的經驗，當你有一天覺得自己髮型很奇怪時，那一整天心情都會不佳，對於服裝搭配感覺非常失敗的那一天，也會十分介意。反之，當你穿了一套自己很喜歡的西裝，或梳了很適合自己的髮型時，當天的心情必然不差。你也會將這種情緒傳染給四周的人，給予別人你是個「有企圖心的人」「值得信賴的人」等等印象。

對於上班族而言，服裝儀容是有策略的，除了選擇想穿著的顏色、喜歡的型式之外，最好也能在材質上有所講究。

## 社會化的查核表（做到的事項請劃○）

□認真的規劃時間管理及健康管理。
□常常注意到褲子的縐摺、襯衫的袖口等服裝儀容。
□無論上班或下班，必定和周圍的人打招呼。
□在工作場合中，即使與感情很好的同事或後輩講話，也非常客氣。
□當打錯電話時一定道歉。
□走路時不抽煙。
□在餐廳或電車中不批評公事。
□在人前打哈欠或噴嚏時，一定以手遮口並說「抱歉」。
□從他人座位借取文具或資料，用畢必定還回原處。
□不會事事仰賴守則，或事事請教別人，會依自己的思考去行動。

**〔評分方式（一個○等於十分）〕**

○～三十分——你的行為舉止還像個小孩子，沒有身為社會人的傾向，應趕快要求自律。
四十～七十分——你大體說來已是個社會人，但如果想在同期同事中拔得頭籌，還需要更努力。
八十～一百分——你很可能將來有大成就，但應注意別太驕傲囉！

# 第二章

## 說話技巧

——您的遣詞用句恰當嗎？

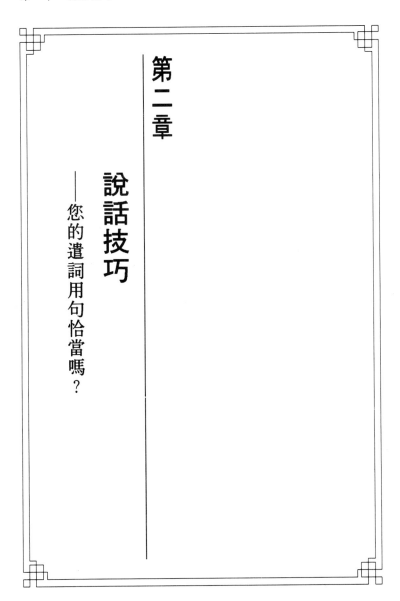

每個人進入教育體系之後，最基本的學習項目是：「禮儀」、「生活與倫理」、「公民與道德」……禮儀規範乃人人必修之課程。

而禮儀包含二個部分：行動與語言。人是群居的動物，日常生活中無法避免與其他人接觸，其間的和諧程度，全賴個人的行動與表現維繫之。

尤其是言詞表現，最直接影響人際關係。坊間說話技巧書物氾濫，正印證人與人相處時，談吐的要領是何等地重要。

如前述，在教育體系中，人人必須修得「禮儀」學分，為的是讓每個人成為懂得「禮尚往來」的社會人。而說話技巧的優劣，正可以做為是否堪稱社會人之指標。

接著，我們就以「公司」這個小社會，用問答的方式來探討，身為上班族（尤其是新進職員）該如何注意言詞表達的技巧。

## BASIC—1　緩衝語

### 不致於引起對方不快的請求與拒絕的真髓①

**想向上司（長輩）詢問某事，何者的詢問法不當？**

(1)、非常冒昧，請見諒，我想請教您一些問題。
(2)、如果不會麻煩您的話，我想請教您一些問題。
(3)、我覺得很抱歉，但可否請教您一些問題。
(4)、對不起，請教您一些問題。

解答 ⑷

## 解說

這是「得利說話法」的第一招。所謂「得利說話法」，是指預防無謂糾紛、使溝通更順利圓滿的說話方式。二人交談時，並非彼此都能開懷暢談，有時因說詞不當，也會傷害到對方。碰到這種情況，若能運用說話技巧，將彼此感情上的差距拉到最低限度，即可化險為夷，消弭一場口舌之爭。

而「得利說話法」的第一招是，使用緩衝語。緩衝語是放在句首，紓解用詞的直接、口不遮攔的唐突。譬如，「對不起……」「麻煩您……」「如果方便的話……」等。這些用語傳達了「我知道您的（繁忙）立場」的訊息，表現了對他人的顧慮，對方會因此而覺得滿足。

⑴至⑶是恰當的表現。⑷的「對不起」若改成「非常冒昧，請見諒」，較有舉止端正、措辭謙虛之感。

## BASIC——2　誘導YES的表現

# 不至於引起對方不快的請求與拒絕的真髓②

**1 何者是不當的請求法？**

(1)、非常抱歉，顧客的行李，可否放在儲物櫃？

(2)、非常抱歉，顧客的行李，能讓我們放在儲物櫃嗎？

(3)、非常抱歉，顧客的行李，請放在儲物櫃。

**2 何者爲恰當的拒絕法？**

(1)、非常抱歉，顧客的行李，櫃台不能受理。

(2)、非常抱歉，顧客的行李，櫃台難以受理。

解答 1、(3) 2、(2)

## 解說

1這是繼緩衝語之後，得利說話法的第二招。想命令對方某事時，利用這種說話方式較具效果。一般人聽到帶有「命令式」的「請」字，心裡反而感到不快。但若是「能否讓我們……」或「能否請您……」的表現法，排斥感較少。因為，給予對方「做」或「不做」的選擇權。換言之，要領是把命令形改成請求形。

2再者，最好把否定形改成肯定形。譬如，「缺貨」比「沒有」給人的印象較好。而最適合當婉轉語句的是「難以……」「難以明白……」「難以實行」之類，應用範圍廣泛。請銘記在心。

## BASIC—3　代替案

## 不至於引起對方不快的請求與拒絕的真髓③

**何者為適當的請求法？**

(1)、非常抱歉，可否請您收起香煙？在電梯大廳設有抽煙室。

(2)、非常抱歉，請不要抽煙，請到電梯大廳抽。

(3)、非常抱歉，這裡不能抽煙。

解答 (1)

## 解說

得利說話法的第三招。

(1)是把命令的傳達用請求的語氣取代。同時，不用「不要抽煙」的否定形，而以「收起香煙」的肯定形表示。這是第二題所陳述過的基本原則。

而在此有一個新概念是「代替案」。這裡雖不能抽煙，他處卻可以，提供顧客一個選擇的機會。顧客被制止時，必心生不滿，但若有取而代之的通融之處，則心悅誠服。

這些得利說話法的第一、二、三招，正是空服小姐慣用而經常運用的方法。他們還面帶笑容，如願以償地維持機艙內的秩序。

**得利的說話法**

第一招……緩衝語

第二招……命令形→請求形

否定形→肯定形

第三招……代替案

「使人聚集的
得利說話法小組」
如果方便的
話，請到
那裡一下!!
非常抱歉，
可否給我一
點時間？
非常
抱歉……
「失利思考的
孤傲小組」
把這個處
理一下。
那不行！
不可延
長日期!!

禮儀規範專欄

## 語言並非全能①

在交談中，不論遣詞用句多麼巧妙，語言終究並非全能。因此，絕對沒有「措辭謙恭即可高枕無憂」之事。克盡禮儀的說詞，也可能落得「殷勤無禮」的虛偽。為何產生這種狀態？

在說詞與動作全是同一個模式的速食店，有一個是供參考的佳例。所有的工讀生都是根據同樣的規範受訓練應對顧客，但他們的業績卻有個人差異，唯有臉上露出真誠微笑者，業績必在他人之上，這是極富暗示的事實。

同樣的禮儀規範，卻因「只是發出聲音而已」或「變成活生生的語言（感情移入與否）」，而有不同的結果。舉例而言，規範有如樂譜，有些演奏者彈得索然無味，而有些演奏者則創造出充滿情感的美妙樂章。

語言必須有使用者的熱忱做補足。那是所謂的要領、技巧、規範辦不到的部分。

# STEP UP——1　報告的方法

## 能幹職員的報告法

**何者為最適切的報告法？**

(1)、預估月底進貨，月初開始訂購，昨天訂購完畢，也許早了一點。

(2)、訂購完畢，月初已下訂單，我想一定會早點進貨。

(3)、A企劃的案子已訂購完畢，月初下訂單，月底可望進貨。

## 解答 (3)

## 解說

此篇的主題是「能幹職員的報告」。常見的業務報告是「鴨子聽雷」搞不清楚所以然。到底是閒話家常、報告或提案，應該說得明白。

因此，做報告時，首先必須清楚地說出，接著所要陳述的主題。例如，「有關……的企劃案，做一番報告」之類的陳述法。上司並非只督導你一個部屬，若不明確指出主題，無法一點就通。

其次，要把堪稱報告精要之結果說出來。有人會把結果擺在最後，有如吃蛋糕留下上頭的草莓一樣，但這正是上司渴望知道的部分，必須開口就說。

而且，若有必要，也應附加其經過、理由及個人意見。發表個人意見時，必須區分事實與個人見解。再者，如果是不好的消息，更應及早告知上司。因為，越早擬定對策，越有效果。

**■練達的報告要領**

①主題→②結果、結論→③經過、理由→④個人意見

## STEP UP—2　請求的表現①

### 讓繁忙的上司洗耳恭聽

**經理事務繁忙，此時想說明某企劃案何者最適切？**

⑴、百忙中打擾您，非常抱歉，可否請聽聽上回的企劃案。

⑵、百忙中打擾您，非常抱歉，請聽上回的企劃案。

⑶、百忙中打擾您，非常抱歉，我想說明上回的企劃案，不知您什麼時候方便？

## 解答 (3)

## 解說

希望做為緩衝語的表現是「百忙中打擾您」，而「百忙中打擾您，非常報歉」更為客氣。此篇的主題是「請求的方法」。而且請求的對象是，身邊事務相當繁忙的人。

緩衝語加請求形。以這個公式而言，(1)的語法並無誤，但稍欠顧慮。(2)乍聽下也有請求的口氣，但實則「請」字所帶的命令意味過強。對上司下達命令，未免太早了吧！

如果是向繁忙者提出請求的立場，(1)(2)都缺乏顧慮。對忙得焦頭爛額的人，劈口就說「請聽！」恐怕會導致火上加油的後果。

因為，(1)(2)的語意中隱藏著「現在就聽」的口吻。但是，如果表現「配合對方的方便」之態度，就不會刺激對方。相信四處奔波而勞累的上司也會暫停腳步，回應你：「那麼，○點來談吧！」因此，(3)的說法最恰當。

## STEP UP——3　請求的表現②

### 有點事想拜託上司

**想拜託上司向客戶連絡，何者最恰當？**

(1)、如果方便的話，可否請您打電話給○○○公司？

(2)、請打電話給○○○公司。

(3)、拜託您向○○○公司連絡。

## 解答 (3)

## 解說

上一題也是請求上司的問題。那麼，和本題有何不同？前題認為最恰當的表現，應該是「百忙中打擾您……不知您什麼時候方便？」因此，有人會認為既然都是請求上司，(1)應是最恰當的答案，而這正是你所擅長的禮儀規範的固定模式。

前題的設定是「給繁忙的上司添麻煩」。但本題的狀況是，你接到一通打給上司的電話，碰巧上司不在，對方要求你傳話罷了。

換言之，「打電話」這個麻煩並不在你，而是客戶。

所以，你可以表現較輕鬆的態度。在此若使用「得利說話法」，反而有保持距離之嫌，變得「過度客套」。希望你能直率地傳達留言，但「請打電話」是種命令式的請求，無非你能使用的說法。

(2)是命令形，自然不可。(3)是最恰當的答案。這句話的巧妙處在於使用「拜託」一詞，既不過度客套，也非命令形，而且，分清楚彼此的立場。

## STEP UP—4　高明的拒絕法

### 看清客戶的心理再拒絕

**對客戶的提議想說NO。較適當的NO之說法為何？**

(1)、您所說的事，我們確實明白了。經我們檢討之後，所得的結論是，時機可能太早。

(2)、雖然您這麼說，但貴公司的預算根本辦不到。

(3)、像這樣的難題，對我們而言，恐怕難以應付。

**解答** (1)

## 解說

「高明的NO之說法」是此篇的主題。首先，在陳述拒絕理由之前，有一事必先做到。那就是充分地傾聽對方的說明。「說出來」且暢所欲言，這一點就足以令人滿足。如果在對方談話的中途表示拒絕，對方也許會覺得並未充分地獲得理解而感到不快，或判斷是因未能全部說明而遭受拒絕。換言之，對方認為若有詳盡的說明，必能取得契約，因此，對所提之事仍不死心。但是，如果從頭到尾傾聽對方的每一句話，即使只是裝模作樣，對方也會覺得「費盡唇舌也於事無補」，終究知難而退。

其次是拒絕的說法，必須把拒絕的理由放在對方的權責之外，這不僅為了避免傷害對方，也具有免除對方糾纏不休之便。如果拒絕的理由是「價格太高」，恐怕對方會「降價求全」而導致難以收拾的場面。

(2)(3)在用詞上並無問題。但即使用詞無誤，卻是失禮的說法，千萬說不得。

**拒絕法之1↓仔細聽**。

**拒絕法之2↓理由放在對方權責之外**。

要領是以上二點。

## STEP UP——5　高明的拒絕法

### 禮貌拒絕要求緊急加班的要領

**下班後已和他人有約，但課長突然要求加班。該如何拒絕？**

(1)、今天已和他人有約，如果是六點以前倒無妨，但六點以後就非常抱歉……。

(2)、您突然這麼說，我也傷腦筋，如果不替我的立場想想……，無法應急加班。

(3)、今天已和他人有約。也不是不行……，該怎麼辦啊……。

## 解答 (1)

## 解說

在此希望各位了解，何謂建設性的思考法、應答法。所謂建設性的思考法、應答法，乃是不侵犯對方的立場、權利而做主張。乍看下似乎矛盾，實乃雙方互讓而成立。不僅在拒絕時，只要有對方存在的任何問題，務必隨時保持這種觀念。當意見與對方不合時，並非採取對立，而是彼此了解「何以有此想法？」從而找出雙方的接觸點。

譬如，午餐你想吃炸蝦飯，而同事堅持吃麵。也許你認為同事是個「頑固的傢伙」，但對方若是「略有感冒不能吃油膩食物」的狀況，應能理解其所堅持的理由。

(1)建設性……雖順從地讓步，卻主張自己的立場。

(2)攻擊性……突然的加班確實令人為難，但露骨地說出，實非成年人之舉。頂撞對方的說詞，恐怕破壞人際關係的和諧。

(3)服從性……優柔寡斷的說詞，對事情沒有任何幫助，最好明確地說出自己的意見。

## STEP UP—6　高明的拒絕法

### 上司邀約，但已有約在先！

**上司邀你去喝一杯，但已有約在先。怎麼辦？**

(1)、表示拒絕：「我不太方便。」
(2)、托辭拒絕：「我已預約看牙醫。非常抱歉。」
(3)、順從地說：「當然一起去。」

解答(2)

## 解說

這個例子和拒絕加班，語意略有不同。若是加班，自己可以公私分明讓彼此信服。但這是上司好意邀約的情況，你的應答法，可能會觸怒上司。你必須注意的是，不可連續二次拒絕。一次拒絕之後，第二次要奉陪到底，如此才能證明你的拒絕乃情非得已。

同時，希望你也能明白，和上司交往，對你有莫大好處。它不僅能了解年代不同者的想法觀念，也能獲知公司裡的人際關係，加深與上司的私人交誼，一定會有某些收穫，而你一定會覺得：「來對了。」

那麼，如果表示拒絕，必須清楚地說出不傷感情的理由。「今天有點事」之類的說詞絕對不可出口。上司雖已上了年紀，但也是感情之人。有時自尊心會受傷。所以，應該清楚地說出理由，如「已有約在先」、「看牙醫」、「有專人送達之物品待取」等。不過，請注意不可牽強附會。同時，在表情、態度上十足地流露「抱歉」之意。

(3)並非在上司與女友間，做二擇一的問題。即使失約而與上司交際，並不保證能出人頭地，請注意！

## STEP UP——7　申訴處理

## 使申訴圓滿收場的遣詞用句

**何者為適當的申訴應對法？**

⑴、您說的一點也不錯，我們的疏忽造成您們的痲煩。

⑵、是這樣嗎？這件事並非我負責的，立即為您轉接負責人。

⑶、那件事是分公司轄管的範圍，我會交待清楚。

⑷、為您更換就行了吧！

解答 (1)

## 解說

申訴處理也是高等技巧。申訴處理關係者提出申訴的顧客之性格、商品的價格、接獲申訴者的性格、職務及其上司的想法等，內容複雜不可一概而論。但為各位解說基本原理。

首先，必須詳細地傾聽申訴內容。對方把不滿發洩在語詞上，可以使怒火昇華，大大地平息怒氣。不論是對方的誤解或自己的過失，基於在事發現場傳達真摯態度之精神，「給您們添加麻煩」最適當。這個表現少於「非常抱歉」所流露的單方面承認過失的意味。當然，在表情、態度上也會顯出「抱歉」之感。而(2)(3)即使你並非負責人，也千萬不可有踢皮球的動作。至於(4)則有你來我往、挑釁的味道。

如果碰到強烈的申訴，藉此也難以圓滿收拾時，則改變人、場所、時間。上司的出現，可能打圓場。而改變場所、時間，對方在事過境遷後，也會回復冷靜。

但是，你必須明白，申訴是非常重要的情報。申訴是發生在事前的期待與實際的商品、服務有出入之時。換言之，你可以從而了解顧客的需求。

## STEP UP—8　會議中

### 被指定擔任會議的主持人!?

**擔任會議的主持人，何者為恰當？**

(1)、那麼，進入下一個議題。

(2)、那麼，我們接著進入下一個議題吧！

(3)、那麼，請進入下一個議題。

(4)、那麼，往下進行。

解答(4)

## 解說

雖然由你主持會議，以目前的階段而言是不可能的，但此乃為有朝一日的準備。

假設會議上有職位更高的主管列席，而會議中要進入下一個議題時，「我們接著進入下一個議題吧。」這句話，等於把你及上級主管都包含在謙讓的表現法中。

而「進入下一個議題」，確實是你個人不卑不亢的表現，但語氣中恐有不顧在場他人，唯我獨行之嫌。但是，「請進入下一個議題」的語氣上，又有催促他人進行會議之感，不知孰者為主持者了。

……冗長說明之後，結論若是「會議的進行不必用客套話」，恐怕會令你動怒吧！很抱歉讓你傷透腦筋，不過，在會議上用「往下進行」就OK了。

## STEP UP——9　經常發生的情況

### 一點差別才是大大不同

**1 拿文件給上司看，想確認其中的內容。請選出所有不當者。**

(1)、可以嗎？

(2)、您覺得如何？

(3)、您瞭解了嗎？

(4)、可以獲得您的理解嗎？

**2 到客戶公司拜訪。對方詢問：「我給您準備些飲料，冰的麥茶和熱的烏龍茶，那一個好？」選出所有恰當者。**

(1)、能不能給我烏龍茶？

(2)、麻煩您給我麥茶。

(3)、烏龍茶就行了。

(4)、我想要麥茶。

(5)、都行。

解答 1、(3)(4) 2、(1)(2)

## 解說

1 詢問能力的說詞，本來就不能應用在上級主管身上。向長上「洽詢」時，最賢明的方法是，表現謙恭有禮的說法。(3)(4)的用詞，乍看下雖刻意表現禮貌，實則大膽無禮。「你看得懂嗎？」把人看扁了的說詞，再多修飾也是枉然。

2 (1)(2)是對他人不失禮，且能博得好感的請求法。

(3)當事者雖有意表現謙遜，但有人可能對此說法，有傲慢之感。

(4)有所請求卻做此回應，是不得體的說詞。「我想要……」的說法，在這個場合會給人留下幼稚的印象。

(5)被賦予選擇權，卻說「都行」，彷彿把選擇權丟回給對方。既然對方特意詢問，只管依自己的感覺選擇。附帶一提的是，如果你和上司一同拜訪，當上司選擇烏龍茶，而你「兩者皆可」時，不故意選擇麥茶，以避免增添對方麻煩，才是機伶的表現。

## 語言並非全能②

只要有語言，即能自由地傳達意志嗎？

很可惜的是，這是一種幻想。語言的傳送者、接收者，雙方都有其限度。首先是傳送者，他有一個語彙受限的障礙。譬如，假設到富士山看了日出，想向他人傳達朱紅太陽從雲海間躍升的模樣，該如何敍述才好？找出十足吻合當時的情景、心情、感覺的字句是非常困難的。實際所表現出來的內容，和內心所想要表達者，其間一定有出入，這個出入越大時，甚至令人感到壓力。而接收者的限度是，他未必能一五一十地照單全收。換言之，聽到「火紅而大的太陽」時，有些人所描繪的只是「赤紅的圓」，而有人所得的印象卻是「充滿紅色生命力的太陽」，接納的方式各不相同。

人的談話中，若把其內容當做一百，據說其實只傳達給對方百分之三十而已。說話者有表現上的限度，而聽者擅自做解也是理所當然。認為光憑語言足以充分地溝通，乃失之草率。

禮儀規範專欄

## 來一趟愉快的「痛」勤吧！

**①搭乘空曠的車廂**

搭電車上班時，第一天應在月台的最後端候車。電車會從第一節車廂，陸續駛過月台。仔細觀察就能明瞭那一節車廂的乘客少。翌日起則搭乘那節車廂。

**②善加利用車內的時間（其1）**

從車廂廣告收集情報。光看週刊雜誌的標題，也大致能掌握社會動態，同時，看看衆多廣告中，那一則最吸引你？並分析其引人矚目的原因，色調、設計、亦或文章？甚至是題材引言新鮮，這些都可能應用在工作上。

**③善加利用車內的時間（其2）**

有些電車（或公車）會在車內播放收音機。雖然多數是音樂節目，但也有新聞或熱門話題的節目播放。它可以提供你一些馬路消息，增廣見聞。與其像呆頭鵝似地度過枯燥的通勤時光，不如打開聽覺大門廣吸資訊。

# 第三章

## 電話禮儀

——瞭解以下問題就可獨當一面！

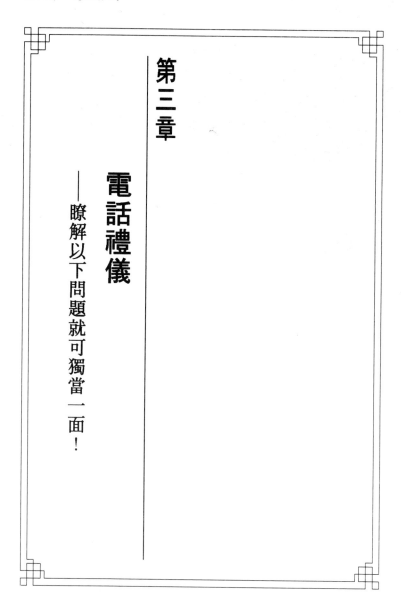

接下來要進入社會新鮮人都會面臨的關卡，就是電話的應對禮節。

你是否有非常不想拿起電話來的經驗呢？甚至在講電話時聲音都會發抖，一聽到電話鈴聲響起時就放慢動作，然後暗自祈禱有人會在這期間接走電話。

分析一下你會有如此行動的原因，第一是你對於自己的遣詞用句有自卑感，第二是即使接了電話，但你對他所講的事情完全不懂，甚至要將電話轉給誰也不曉得，並對於基本公司內的知識完全不瞭解。

關於第一點，我想你應該可以安心了，因為接下來有一連串挑戰的問題幫你解決，一些電話中的特有表現也可在此學到。

對於第二點，首先你應該努力把公司同事的臉孔及姓名記起來，例如○○先生是負責△△，搞清楚這些情況就沒有什麼可害怕的了。

BASIC—1　教養查核

## 看似容易卻不知道的電話知識

1 在東京都內打電話，十元日幣可打三分鐘。那麽從東京—大阪、東京—橫濱，十元日幣可打多久呢？

2 電話在幾平方公尺內可收到聲音？

解　答　①東京—大阪是九秒鐘、東京—橫濱是四十五秒鐘。

②四公尺。

## 解　說

①第一個問題是希望身為上班族的你，開始有成本意識，打電話與影印花錢如流水的時代已經結束了。

傳真與電話同樣是便利的通信方法，但電話在正確性及記錄性上遜於傳真機很多。使用電話時，若你與對方不作筆記的話，就不會留下任何記錄，就算作了筆記也可能因聽錯或講錯而有所疏失，不見得非常正確，但卻經常因電話的便利性而捨棄用傳真來連絡。

②現代的電信技術相當進步，有些電話甚至在十公尺內都可以收聽到，但是對於這非常靈敏的電話，你卻需要非常小心。在轉接時一定要按保留鍵，有些人一邊按著話筒、一邊問鄰座的新人說「喂！○○先生是誰？」你可能以為對方聽不到，但事實上你們的對話已完全傳入對方耳中，會令打電話的人對你及你的公司產生不信任感，所以最好能早日掌握電話的各種機能。

## BASIC—2　教養查核

### 等待時間與人類心理的關係

人類在等待別人來接電話時，多久會開始產生焦躁感？

(1)、十秒
(2)、二十秒
(3)、三十秒
(4)、六十秒

## 解答 (1)

## 解說

這是經過實驗證明的結果，大概到了十一秒時等待者就會開始焦躁。現代人是相當沒有耐性的，這就是電話禮節會強調在鈴聲響三次以內要接起來的原因，便是由此數據歸納出來。因為電話鈴響三次就要九秒鐘，你必須在對方喪失耐性之前接起電話。

如果響了三聲以上才接電話，就必須先致歉「對不起，讓您久等了！這是○○公司」。

另外一個相反的情況也要注意，如果你打電話時，對方一直不來接聽，你是否可以任由它響二十至三十聲呢？

如果你打電話到一般公司去，響了五至六聲沒有人接聽就是異常的情形了。假使你可以判定對方公司沒有人在又另當別論，但另一種情況是對方公司人人都很忙，在這麼忙的時候電話卻響個不停，真是一件令人憎惡的事。所以，應該在響了七聲後就切斷，之後再重新撥號較好。

## BASIC——3　打電話的方法

### 打電話也要選時機！

**什麼時間打電話給客戶較好呢？**

⑴、剛開始上班時打電話，對方的印象較好。

⑵、快到午休時間之前，或午休時間，這時對方比較空閒，可以在此時間帶打電話。

⑶、在快要下班之前，對方的工作已告一段落，此時間帶較為適宜。

⑷、以上之外的時間較好。

**解答 (4)**

## 解說

所謂選日不如撞日，能夠隨心所欲、任何時間都打電話的只有學生才允許，身為一個上班族，需要周到的計算打電話之時機。

(1)、看起來似乎不錯，但是換到對方立場來考慮，就知道是會造成困擾的時段。剛上班時，他或許根本尚未坐到座位上，即使他已就座，也可能正在規劃這一天的工作進度。

(2)、午休時間的確比較空閒，但是你要吃午飯，同樣的對方也正餓著肚子準備吃飯呢！

(3)、因為你這通電話很可能令他要留下來加班，也許就耽誤了他一個月一次的約會，或許他正準備要回家也說不定。

(4)、一般說來，會對對方造成困擾的時段是：

- 剛開始上班時
- 午休前後
- 下班時

避開以上時段的(4)是正確答案，如果不得不在上述時段打電話，一定要開口就先致歉說「很抱歉！在這個時間打擾您。」才行。

## BASIC—4　打電話的方法

### 在電話中自報名號之正確法則

**當你在電話中自報名號時應該怎麽告訴對方呢？**

(1)、我是小劉，抱歉打擾您！

(2)、我是△△公司的小劉，抱歉打擾您！

(3)、喂！喂！我是△△公司的小劉，抱歉打擾您！

## 解答 (2)

## 解說

學生時代的你可以說「喂！我是○○」即可，但是成為公司的一員之後，別忘了你就是代表公司，當然在自報名號時要將公司名稱放在自己的姓名之前，例如，我是△△公司的○○。

而且在報完名號之後要馬上接一句「抱歉打擾您」，雖然你不一定打擾了他，但這是固定的電話用語，也是促進雙方關係的潤滑劑。

另外，通常在打電話時會有以下反應，就是一拿起話筒便「喂！喂！」這是不必要的言語，此為以前需利用電話交換機時所採用的模式，而如今已是直接對話，所以可以省略「喂！」的用語。

電話應對應該簡潔扼要，所謂簡單就是美。而且當你要對話的一方接電話時，也應該先問聲「您現在方便嗎？」或許他正忙碌著也不一定。

## BASIC—5　接聽電話的方法

### 接聽電話的第一聲，可以緩和氣氛

**1 電話鈴響了，接起電話應該如何應對較好？**

(1)、△△公司您好！
(2)、△△公司
(3)、喂！△△公司

**2 鄰座的人幫你接了電話再轉給你，拿起電話的第一句話講什麼？**

(1)、喂！電話換人接聽了。
(2)、喂！我是小劉。
(3)、您好，我是小劉。

**解答** 1、(1)　2、(3)

## 解說

1 當然這時不要說「喂」，而在報名號時應注意①很清楚、②慢，有很多人在聽電話時經常聽不清楚第一句，特別是公司名稱很長時更應如此。因為你聽慣的公司名稱順口講出時會非常快，而別人根本聽不清楚你說什麼，所以應該下意識的放慢說話速度。

講電話的應對雙方都應清楚而簡潔的說話，由於電話不像傳真，它不容易清楚的留下記錄，且容易聽錯，因此講話時碰到數字一或七等類似語音時必須注意。假使與廠商連絡時發音不清楚，對方聽錯號碼，那麼你怎麼等也等不到回音。不妨學習軍隊中講數字的方式，譬如「么拐」「么」等等。

2 (1)還是不需要「喂」，另外與其說「電話換人接聽了」，還不如直接報出自己的名號。

(2)一樣不要「喂」，我們很容易一拿起電話的瞬間發出喂聲，希望能特別注意。

(3)這時也可以說「對不起讓您久等了，我是小劉」。

BASIC—6　接聽電話的方法

## 電話高手也會弄錯的電話禮節

**接聽電話對方報出名號後，應該怎麼反應呢？**

自己：「△△公司您好！」
對方：「我是○○公司的小林，對不起打擾您！」
自己：「　　　　」

(1)、喔！您是○○公司的林先生是嗎？
(2)、林先生嗎？
(3)、那裡。

## 解答 (1)

## 解說

觀察四周前輩做如此的電話應對時，也經常會弄錯。當對方報出名號來時，一定要向對方做確認，這有二個優點，一是讓你有時間作記錄，因為假使不先記下對方名號，可能講完電話已經忘了對方是誰了。

二是可以在這時向對方確認是否要找的人是自己，否則不經確認，等對方一連串講完後才發現找錯人，這時雙方都白費功夫。

所以，要養成對方報完名號後立刻確認一次的習慣。

(1)正確答案。

(2)若不重複公司名稱，會令人覺得你不尊重他、沒有責任感。

(3)很多人都這麼回答，事實上對方報完名號再客套一下而已，你卻回答「那裡」，這好像很自大的樣子。可以在確認名號之後，再加一句「您太客氣了」即可。

## BASIC—7　接聽電話的方法

### 不報名號或聽不清楚

**1 當對方報出名號，但你聽不清楚時怎麼辦？**

(1)、立刻再問一次。

(2)、講完電話後再問一次。

(3)、通話告一段落時再問一次。

**2 對方來電卻不願告知姓名時，該怎麼辦？**

(1)、詢問「對不起，請問你是誰？」

(2)、詢問「對不起，請問您是那一位？」

(3)、等待對方主動說出姓名。

解答 1、(1) 2、(2)

## 解說

1當對方說出名號時立刻要覆述一遍，但是經常會聽不清楚，這時應該馬上要確認，你可以說：「很抱歉！麻煩您再告訴我一次您的姓名好嗎？」

不過，由於對方講得太快或聲音太小，即使第二次也可能聽不清楚，這時就不由得心急了起來。

這裡介紹一個絕招，當第二次還是聽不清楚時，你便問他「請問您的名字怎麼寫呢？」，也就是問他名字的正確寫法，例如說，「您是劉先生，是卯金刀劉嗎？那中是中國的中嗎？喔！是劉中先生」，這樣一來對他的姓名便十分清楚了。

2打電話卻不報姓名，這是非常失禮的行為，你絕不能有這種錯誤。而如果對方打電話來卻不報姓名，詢問他「請問你是誰？」這是小學生式的問法，所以應該使用2的表現法。

# BASIC——8　留言／轉接

## 萬無一失的留言方式

**當書寫留言記錄時，最低限度應記上那些事項？**

**請填入空格中。**

- 日期、時間
- 留言對象
- 對方姓名
- 連絡事項
- 連絡方式
- （　　　）

## 解答　留言人姓名

## 解說

有些公司會有已經將項目印刷好的「留言紙」，這時就可以利用，但還是應該特別注意對方姓名的書寫法。

例如，章先生來電話，是立早章，而你卻寫成弓長張，這會讓拿到留言的人不知道是那一位，所以最好問清楚、寫清楚。

但是雖然你把留言記錄得相當完整，卻把它擺錯位置也沒有用，最好擺於他本人能一目了然之處，並且貼起來。如果能在他本人回來時告知一聲，這是最萬全保險的方式。

假使只是隨便地往桌上一擺，可能會和其他物品混雜，或是因風吹、人的走動而飛走，所以最好把留言紙貼在對方看得到的地方。

禮儀規範專欄

## 看不到卻感受得到——電話的奇妙之處

先前不曾提過，雖然在電話中看不到對方的臉孔、表情，但卻能理解他說的話，甚至能體會到他的心情。尤其對一些素昧平生（指第一次通話的人）更是如此，他們希望藉由電話達到溝通效果，所以即使雙方未曾謀面，卻也可以經過一通電話大致瞭解對方的為人。

而且電話溝通具有隱密性，可以讓不認識的人之間產生淡淡的親密感。有一個某航空公司電話預約小姐曾經說過，「如果聽起來對方是個不錯的男士，我會希望和他見見面。」

電話與姿色容貌無關，坦白說起來會影響對方感覺的，都是些遣詞用句的問題，但是經由這些細節卻能清楚地將誠意與幹勁傳達給對方。

禮儀規範專欄

## 暗中顯現實力的行動電話

行動電話是一種劃時代商品，它除了具有便利性之外，也滿足了人類「誇耀身份」的慾望。這其中並非表現行動電話本身是名牌與否，而是向四周發射一種新訊息。德國車、高級西裝、義大利皮鞋、金光閃閃的手錶、身旁的美女……等，都是在誇耀「我是有錢人」，但行動電話所要顯示的卻是「經常有人找我，我是個大忙人」。

這樣的訊息不僅只是有錢與否，而是就時間而言的忙碌，透過此忙碌來顯現地位，最終想表現出自己的知名度水準很高，就好像擁有金卡的企業家第二代一般。可悲的是，當透露出的訊息是炫耀而非必要時，會立刻被別人識破，特別是不要疏忽女性對這方面的敏感度，她們會對這種人蓋上「膚淺的傢伙」的戳記。無論如何，行動電話所顯示的並非是像金錢般「虛幻」的東西，而是顯現出個人「實力」的魅力商品。

## STEP UP——1　打電話的方法

### 對方不在，你希望接電話的人幫你傳達，請他回電！

**打電話給往來廠商時，負責人不在，你希望請求接電話者轉達，應該怎麼說呢？**

(1)、那麼，請他回來馬上打電話給我。

(2)、那麼，如果他回來的時候，請他打電話給我。

(3)、那麼，如果他回來時，是否能麻煩您請他抽空打個電話給我呢？

**解答** (3)

## 解說

假使希望別人回電話，卻加上「立刻」「馬上」等字眼，是不太禮貌的說法，意思似乎是「不管他有什麼事情，都要立刻給我回電，我的電話優先處理」。這時別人的反應會認為「他回來也不見得要第一個打電話給你呀！」

另外，請別人傳達時，一定要加上「麻煩您轉告……」的禮貌用語。

## STEP UP——2　打電話的方法

### 這時你是否會接受如此的好意呢？

**打電話給客戶但負責人不在，這時接電話者表示「等他回來時，請他回電給你好嗎？」你是否應該接受呢？**

(1)、不能忽視別人的好意，所以可以請客戶回電話。

(2)、因為對方是客戶，所以應該自己再打電話過去。

## 解答 (2)

## 解說

即使對方是客戶，在這種情況下還是會客氣的說「請他回電給你」，但是你不能因此而理所當然的接受。應該考慮到對方是客戶，最好確認他回來的時間，然後告訴接聽電話者說「我在那時候再打電話來」。

如果打了好幾次電話都無法連絡上對方，這時就可以接受接電話者的好意，因為你要找的人一直不在，而一直中斷手上工作幫你接電話的人也會相當辛苦。

當對方要回電話給你時，必須注意屆時不可離開座位。因為要對方打電話來，而你卻不在座位上或行蹤不明，這是不被容許的行為。

## STEP UP——3　打電話的方式

### 與幾個人連絡、或連絡幾項事情時

**1 打電話到某公司，希望與二個人連絡時，該怎麼辦？**

(1)、與一個人講完後再請他轉接另一個人。

(2)、掛斷電話，重新再撥一次。

**2 同時連絡好幾件事情時，有一項忘了講，該怎麼辦？**

(1)、因為不是緊急事件，可以改天再連絡。

(2)、馬上打電話，告訴他剛才漏掉的事情、同時致歉。

解答 1、(2) 2、(2)

## 解說

1當打電話回公司時，常常看到先和一個人講完話後，再請他轉接某人的情況。但是打電話到別人公司的時候，就不要麻煩對方轉接，最好掛掉電話再打一次，不要貪圖一時的方便而因小失大。碰到要將同樣內容告訴同公司幾個人的時候，那麼最好利用傳真將所有通知人名明白記上，傳真之後再打電話找其中一人確認即可。

2「正確性」是打電話的最高原則。由於電話沒有記錄，所以連絡二項以上事情時，最好使用以下方法清楚而正確的傳達。

①「今天打電話來有二件事想和您連絡，第一件是……」在一開始就讓對方知道有幾件事情。

②最後再次確認「關於○○、××，以上二件事麻煩您多幫忙」。

③考慮同時併用傳真。

這裡還要請你注意一下「以後再說……」的連絡方式，「以後再說……」通常以後就忘記了，而且這也會造成你的心理負荷，所以希望能改變為「馬上……」的方式。

## STEP UP——4　留言／轉接

### 當對方要找的人正在會客中，怎麼辦？

**客戶打電話來，指定要找的人正在會客中，以下方式何者較好？**

(1)、很抱歉，小劉現在正好離開座位。

(2)、很抱歉，小劉現在有訪客。

## 解答 (1)

## 解說

這裡希望你能注意的是這是一通「客戶打來」的電話。如果不是客戶，直接告訴他現在有訪客當然不成問題，但若是客戶恐怕就有問題了。

假使你以有訪客的理由告訴客戶負責人無法接聽電話，好像就把客戶的重要性作了區分，也就是把打電話來的客戶重要性排在訪客之後，會令對方覺得不舒服。

雖然你沒有其他意思，但卻產生這樣的效果。為了防範於未然，即使這時小劉真的有訪客，也要說他現在正好離開座位等理由，然後判斷小劉何時會結束會客，告訴打電話的客戶說「他大概○時會回來，到時候我再讓小劉打電話給您！」很清楚的將他回到座位時間告訴對方。

也許小劉何時結束會客或會議和你並沒有什麼關係，但為了給客戶滿意的答覆，最好還是先有心理準備。

## STEP UP——5　留言／轉接

### 轉接電話給會議中的人

**接到電話時，對方指名要找的人正在開會，應該如何傳達給會議室中的指名者呢！**

(1)、為了讓所有會議中的人知道□□要接電話，需要中止會議，因此特地大聲叫那人的名字。

(2)、進入會議室中，將留言紙遞給那個人。

(3)、覺得進入會議室中很麻煩，因此直接打內線進去。

解答 (2)

## 解說

雖然電話應對是很重要的事，但也希望你不要輕忽留言及轉接時應有的禮貌。

這個問題中的指名接電話者正在會議中，你可以告訴對方會議預定終了的時間再請指名者回話，但若是對方有非常緊急的事一定要他接電話時，應該怎麼做較好呢？

(1)參與開會者當然都與會議有關，但是有時並不需要因一人離席而中斷會議，所以不必為了讓會議中止而大聲叫那個人出來接電話。

(2)你可以輕敲門然後靜靜走入會議室中，這時若避開大家的視線，別人就會知道這不是與整個會議有關的事。再走到要找的人身邊，遞給他寫著「○○先生有急事，現正在電話上等」的紙條，然後不發一語的走出會議室，這樣既不會干擾會議進行而且也達到目的。

(3)確實經常有人用內線電話轉接方式，因為覺得走進會議室較麻煩，而且會吸引大家的目光、會不好意思，但這樣是錯誤作法，因為內線電話鈴聲會干擾了會議進行。

## STEP UP——6　留言／轉接

### 電話所找的人正好出差的處理

**客戶打電話來找的人正在出差中，應該怎麼辦？**

(1)、告訴他本人不在，問他有什麼事情，可以幫他轉達。

(2)、告訴他出差地點的電話號碼，請他打過去。

(3)、告訴他本人正在出差，並傳達正確的回公司日期；另外確定他是否有緊急要事。

## 解答 (3)

## 解說

出差並不是幾個小時就會回來的事，如果你不告訴對方，他會以為幾小時後可以再打電話來，而你對於這類狀況的電話應對，正可看出處理的成熟度。

首先你要告訴對方「抱歉！○○正在出差，預定×日會回公司」的訊息，讓對方明瞭無法立即與他取得連絡，然後再問以下的問題。大部分的人會說「我再打來好了！」但若是有急事怎麼辦呢？

這時絕對不要告訴他同事出差或旅館的電話，因為會涉及公司的業務機密，也許這趟出差需要保密，所以應該客氣地婉拒這項要求。你可以問他有什麼事情，然後再與出差的人連絡，請他打電話給來電者。

雖然有點麻煩，但這確是最正確的處理方式。

## STEP UP——7　留言／轉接

### 找同姓的二個人及是否告知行動電話號碼的處理法

**1 有人打電話來，但他要找的人同部門有二個相同姓氏，應該怎麼辦呢？**

(1)、您要找的是那一位劉先生？
(2)、知道他的全名嗎？
(3)、本部門有兩位劉先生，請問您找的是那一位？
(4)、本部門有兩位劉先生，請問應該要轉給那一位劉先生呢？

**2 當有人有緊急事件要連絡上司，但上司不在，雖然上司有隨身攜帶公事用的行動電話，但應該怎麼做較好？**

(1)、告訴他你的上司會再和他連絡，然後你自己打行動電話給上司。
(2)、因為上司攜帶的行動電話為公事用的，所以可以告訴他號碼。

**解答** 1、(4) 2、(1)

## 解說

1 (1)(2)的回答感覺上很唐突，雖然在電話中看不見對方的表情，但還是可以從遣詞用句中感覺你的為人，所以應該站在體貼對方的立場，先提供他充分的情報較好。(3)勉強可以，(4)則是最有禮貌的說法。

2 也許你會覺得奇怪，既然有公事用的行動電話，為什麼不用呢？為什麼不讓對方直接去打行動電話呢？但是這是行不通的，一旦你告訴他這個號碼之後，下次他何時會打則不得而知。

例如，上司在和其他客戶談簽約事宜時，他會對你說「二點到三點絕對不要打行動電話給我」，但是他沒有辦法告知每一個有他的行動電話號碼的人，也許就會干擾到一個很重要的會議了。

原則上，行動電話及自家電話的號碼都不可以隨意告訴別人，如果真的有緊急事件的時候，還是和先前的出差一樣，由你和上司連絡才對。

## STEP UP——8　留言／轉接

## 如果外線打進來找其他部門的人怎麼處理？

**當電話打進來要找其他部門的人，在轉接到該部門之前應該先確認他要找的人是誰，這時以下何者較好？**

(1)、這裡不是會計部，是人事部，請你重打！

(2)、請問您要找會計部的那一位呢？

## 解答 (2)

## 解說

現代大都使用電腦總機，當有些人搞不清分機號碼時，經常可能會計部的電話會轉到人事部，而且通常這種狀況不會是特別要找會計部的某人，而是拿起電話就說「麻煩轉會計部」。這時你若回答不是會計部而是人事部，請他重新再打，就是「小孩式」的回答法。

你也可能會用內線打給會計部說「○○公司的△△先生找會計部」，這時他們一定會問「找那一位呢？」你卻只能回答「我不知道，只說要找會計部……」。

為了不要重複的來回問話，所以應該在轉接電話前先問清楚「找會計部的那一位？」

此外，這名打電話的人可能永遠也搞不清楚電話分機號碼，所以，可以告訴他正確的號碼，例如說「很抱歉！您這次打的是人事部門的電話，請問您需不需要會計部的分機號碼呢？」以委婉的說法讓他不覺得自己打錯電話造成困擾。

STEP UP——9　洽詢

## 想洽詢商品，但不曉得負責人是誰！

客戶打電話來洽詢商品的問題，但你不知道應該是誰在負責時，可以請客戶「稍等一下」，之後該怎麼辦呢？

(1)、讓客戶等了一陣子之後，一定要再拿起電話來確認他是否還在線上。

(2)、按下保留鍵後，就讓客戶痴痴的等。

(3)、讓客戶等個三分鐘應該無所謂。

## 解答 (1)

## 解說

這也是新進人員常見的狀況，因為在找人解決此問題時，時間會過得很快。如果電話鈴響十一秒還沒人接聽，打電話者就開始焦躁的話，那麼這種情況又是怎麼樣呢？

結論是三十秒為極限，一直按著保留鍵讓對方聽音樂，他一定會相當不耐煩。假使你發現暫時無法解決，應該再一次拿起電話說：「對不起！可能要花一點時間，請您再等一下。」或者「等我問清楚後再打電話給您好嗎？」不可以為了解決問題而把客戶丟在一旁不管。

如果這時正好有人知道，就可以把電話轉接給他。但是若讓客戶再重複一次所有問題，這是非常失禮的事，所以在轉接之前應該先將來龍去脈簡單告知，而且也讓負責人知道客戶在電話中等了很久，這樣他就可以向客戶致歉「對不起讓您久等了！」如此一來，客戶會覺得你的整個轉接過程非常徹底。

## STEP UP——10　這時該怎麼辦？

### 電話中的聲音太小了！

**聽不到對方的聲音時，該怎麼說？**

(1)、我的耳朵不好，很抱歉！能不能麻煩您大聲一點。

(2)、對不起！電話有點故障，能不能麻煩您大聲一點。

(3)、很抱歉！我聽不到您的聲音。

解答 (2)

## 解說

或許你聽得見對方的名字，但是因為對方聲音太小、或是周圍環境太吵雜，致使聽不清楚說話內容時，不能完全將聽不到的過錯怪罪對方，最好的辦法是將罪過轉嫁給電話機本身。

(1)、這種表達方式太直接，雖然用意很好，但是應該還有更好的說法。

(2)、這是典型、正統的表現法，希望你可以運用。

(3)、這會讓人感覺有壓力，好像在抱怨對方講話不夠大聲似的。

STEP UP——11　這時該怎麼辦？

## 讓對方放慢講話速度的秘訣

**對方的講話速度很快，而你希望他放慢速度時，應該怎麼做？**

(1)、直接說「請講慢一點！」

(2)、自己也跟著加快講話速度。

(3)、稍微放慢自己的講話速度。

解答 (3)

## 解說

身為新鮮人的你，進公司一段時間後應該已稍微適應了電話禮儀，而現在又面臨新的問題，那就是在分秒必爭的社會中，很多人都練就了講話很快的功夫。

這時你就要摸透人類的心理，因為「人會在無意識中配合對方的步調」，當對方講話很快時，你也會不由得加快說話速度，但是這時反而應該下意識的放慢說話速度才對，理論上說來，對方應該也會配合你的速度。

必須注意的是，這種慢需要在可容忍的範圍內，不然就像急驚風遇上慢郎中，別人會抱怨你的說話太慢而造成困擾，所以應該視情形調整速度。

(1)像外國人的說法「Please speak more slowly」，而國語中最好避免表現得如此直接。

## CHECK——1　電話禮儀

**在以下情況時，有人打電話找你的上司，應該如何應對呢？請在(1)至(6)中選出適當的填入空格。**

A、外出——（　）

B、會客——（　）

C、出差——（　）

D、會議——（　）

(1)很抱歉！劉先生正好離開座位，他應該會在四點鐘左右回來，等他回來時再給您回電好嗎？

(2)很抱歉！劉先生正好外出，預定四點鐘會回來，到時候再請他回電好嗎？

(3)對不起！劉先生正好出差了，預定十號會回來，請問您有什麼急事嗎？

(4)對不起！劉先生正在開會中，預定十一點結束，請問您有什麼急事嗎？

(5)很抱歉！劉先生到高雄出差去了，預定十號會回來，等他回來時再給您回電話好嗎？

(6)劉先生正在會客中，請問有什麼急事嗎？

## 解答／解說

A—正確答案為⑵。關鍵在於一定要將回來時間轉達給客戶知道，同時一定要接著說「回來之後再請他回電話給您」。

B—正確答案為⑴。不要讓客戶於電話中感覺你在做重要順序的排列區分，所以別使用「會客中」的說法。

C—正確答案為⑶。需要向客戶傳達他正在出差及回來的預定時間之訊息，但是不要告訴客戶出差地點的電話號碼。

D—正確答案為⑷。必須傳達會議的預定結束時間，但有時須視對方身份而使用「離開座位中」的⑴表現法（因為可能讓對方覺得會議比他優先）。

# CHECK—2　電話禮儀

**下列的接電話方式，正確劃○，不正確劃×，同時指出錯誤之處。**

(1)、知道外出者的去處時，告訴對方該地點的電話號碼，請他直接打電話過去。
(2)、幫會議中的人轉接電話時，可以走到他的身旁，小聲告訴他有電話等他接聽。
(3)、接到打給休假中同事的電話時，應該明確告知對方該人正在休假、及何時會回公司上班。
(4)、接到打給休假中同事的電話時，還應該問對方「是否有急事？」如果可以代為處理就先處理較好。
(5)、電話中聲音不清楚時，聽不到對方說的事情，可以客氣的拜託他「請您說話大聲點好嗎？」
(6)、當電話突然掛斷時，應該由打電話的你馬上重撥一次。
(7)、不知道應該轉接電話給誰時，如果一分鐘左右的努力還找不到，就應該馬上再拿起電話接聽。
(8)、由接聽電話的人先掛斷電話。
(9)、接到打錯的電話時，說一句「打錯了」就掛斷電話。
(10)、接聽電話時，如果對方沒有特別問起，你就沒有必要報姓名。

## 解答／解說

(1)× 原則上不能告訴對方外出及出差的地點及電話，自宅及行動電話也一樣。
(2)× 應該使用便條紙傳達。
(3)○
(4)○
(5)× 不要表現得太直接，應該說「對不起！電話有點問題」。
(6)○
(7)○ 但是大約三十秒時應該拿起電話說「麻煩請再等一下」。
(8)× 原則上應由打電話者先掛電話。
(9)× 不要因為「打錯的電話真麻煩」就只說「打錯了」便掛斷，還是應該客氣一點，也許他是個前後電話號碼看錯了的客戶呢？
(10)× 報上你的姓名會讓人感覺較親切，尤其當電話是找你的時候，更應儘早報上自己的姓名。

# 第四章

## 接待賓客

——嫻熟此道的職員可直登龍門！

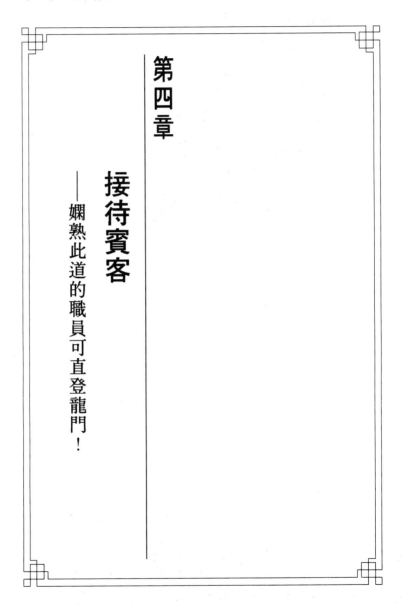

你從小生長至今，相信一般常識多少都已具備，而且你每天、隨時隨地都要和四周的人溝通，現在也沒有人不會用到電話吧！

因此在一般常識、遣詞用句、電話禮儀與接待賓客這四個項目中，你最不熟悉的應該是接待賓客吧！在小家庭及淡漠的人際關係下，家庭中有來客的機會較少，除了做生意的家庭或家長的地位崇高的家庭較常接待賓客之外，幾乎都很少有客人往來，所以你對於如何接待訪客、送往迎來應該比較陌生。

現在你就要踏進如何接待賓客的單元中，這個單元的禮儀還是由「站在對方立場著想」開始。

這些禮儀原本是人的內心有感而發之做法，逐漸成為社會的規範，本來是可作、可不作、可有可無的事情，但成為規範之後就變成非如此做不可的守則了。既稱為規範，假使你不遵守便會遭受非難。

接待賓客的禮儀，「規範」色彩濃厚，你基本上應該很熟悉它們，而且是作為上班族的必要條件。

## BASIC—1　席次

### 你知道上座與下座的區別嗎？

**1 座席可分別為上座與下座，以下那一種座席沒有上下的區別？**

(1)、和室
(2)、西式客廳
(3)、會議室
(4)、中餐大圓桌
(5)、西餐方桌
(6)、酒吧的沙發
(7)、日本料理的吧檯位置
(8)、火車中的車廂座位

**2 請選出不適當的座位席次原則**。

(1)、長椅與有握把的椅子中，長椅為上座。
(2)、全部為有握把椅子時，容易入座的出入口前為上座。
(3)、一般說來，景觀較佳的席位及坐起來較舒服的席位為上座。
(4)、和室中較靠近窗台處為上座。

**解答** [1]、(8) [2]、(2)

## 解說

[1]通常只要有二個以上的座位就能分出上、下座，嚴格說來只有通勤電車上沒有區分，因為大都與不認識的人一起坐。假使和客戶一起上電車，只要有座位就可坐下，不必特別區分上、下座。

[2]一般所謂的上座是：

・離出入口遠的座位
・長椅子（沙發）
・視野良好的座位

因此，(2)為不正確答案。

帶領賓客入座時，應該找尋最符合上述條件的座位，這就是所謂上座。如果是在辦公室等簡略式的接待場合，離辦公桌較遠、可看到整個辦公室的座位為上座。

## BASIC—2　席次

# 接待室、汽車、火車、和室中的上座

下圖表中何為上座？

A、接待室

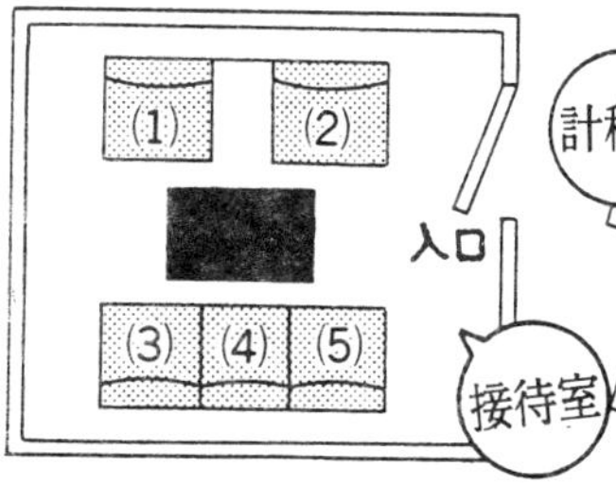


B、計程車

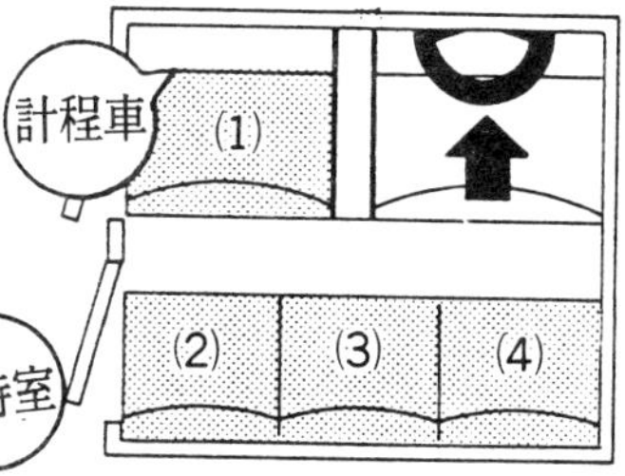


C、火車

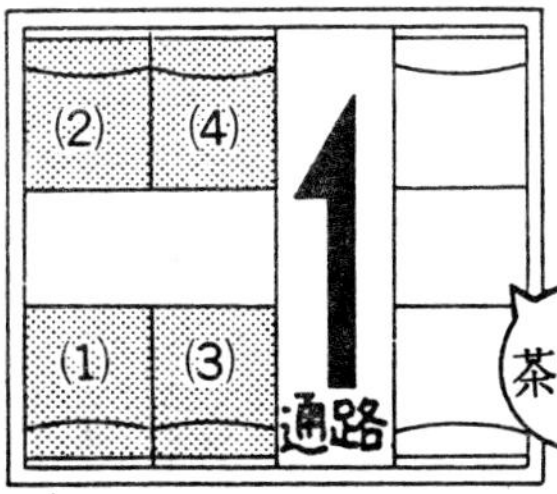


D、和室

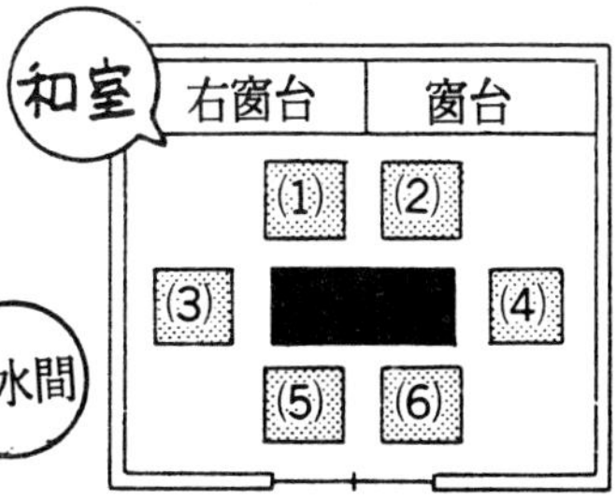

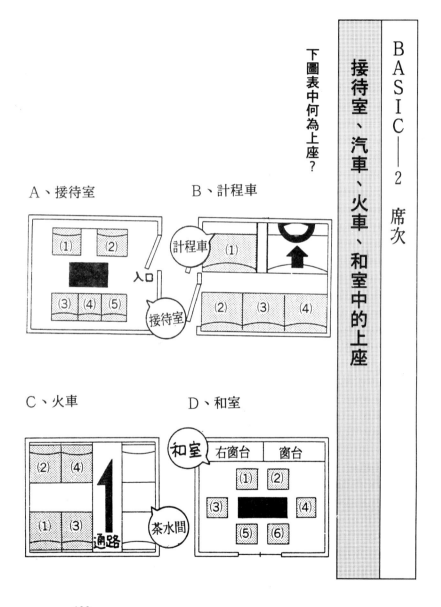

**解答**　A—(3)　B—(4)　C—(1)　D—(2)

**解說**

以下圖表中的數字順序為上座↓下座。

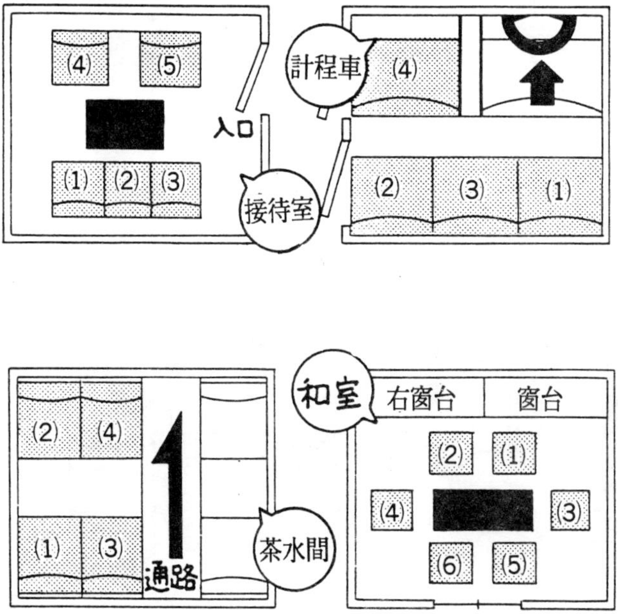

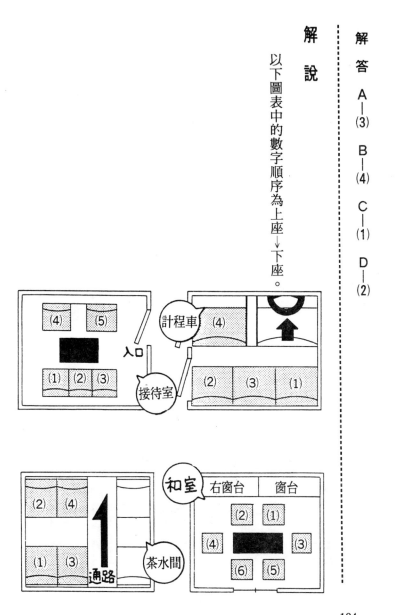

# BASIC—3　席次

## 當你被請到接待室時，應該坐在那裡？

**為了銷售的目的到其他公司時，被引導至接待室，接待人員說「請坐，稍等一下」就離開了，這時應該選以下何項為適當？**

⑴、因為是拜訪的一方（客人），所以要坐在上座。

⑵、還是應坐在下座。

⑶、一邊觀看屋內的擺設（繪畫、裝飾品等）、一邊站著等待。

解答 (2)

## 解說

假使拜訪的目的是銷售、請託或勸誘時，受拜訪的人才是上位。此外為了道歉或拜託幫忙而到訪，在立場上也是受訪者為尊，因此最好坐在下座等對方出現。如果接待人員請你坐上座，也不必客氣，說聲「不好意思」就可坐下；不過在道歉或拜託事情時，還是應該避免坐上座較好。

在等待時若有人端茶給你，別忘了要致謝。當負責人進入接待室時，一定要站起來寒暄、交換名片，然後再坐到位子上，最好等對方就座之後再坐下，或者對方說「請坐」時再坐下，不可自顧的就坐下。

⑴受拜訪的一方不論拜訪者是為何目的而來，總是會「來者是客」，但拜訪者卻不一定要自居為客人。假使自居是客人而隨意坐在上座，有時是相當危險的。

⑵在房間中任意走動，其實是非常失禮的行為。當別人到你家中四處亂逛時，你也會感到不愉快，不是嗎？甚至還可能質疑他企圖不良。此外，也不需要站著呆呆的等，除了對方馬上會進來之外，還是先坐在下座等待較好。

# BASIC—4　交換名片

## 交換名片的收受之間大有不同！

**以下名片交換的原則何者不適當？**

⑴、站著交換名片。

⑵、一邊報出自己的姓名，一邊用右手將名片遞到對方的胸前。

⑶、接受名片時，應該在胸前位置用兩手接受。

⑷、名片是重要的東西，所以要放進皮包裡。

解答 (4)

## 解說

「名片就如同那個人的人格一樣」，也就是「名片就代表那個人」，希望你能銘記於心。如果用很不在意的態度單手接名片，這是相當不禮貌的行為。

有時在聚會之後，地板上會散落一些名片，對當事者而言，自己的名片被丟在地上是非常悲哀的事情，所以你必須很慎重的處理別人的名片，一定要準備名片夾。有些人將名片夾在票夾或皮夾中，或者將皮片放在褲子口袋，把有人的體溫的名片遞給別人，也是不禮貌的行為。

交換名片要站著交換，站著表示你對對方的敬意。應該由你先報上姓名，由在下位的人先報姓名是一個固定原則。如果你兩手都空著，就用兩手將名片遞到對方胸前。

這時要立刻說「我是○○公司的△△」，最好把全名說清楚，因為也許你一輩子只有這一次機會與此人交換名片，所以最好把握機會將自己介紹給他。在報名號時必須大聲、慢慢的說，並目視著對方報出「我是○○公司的△△」，關鍵就是①看著對方、②大聲、③慢。

## BASIC──5　交換名片

### 收受名片時的遣詞用句

**收受名片時應該如何遣詞用句，請選擇適當者。**

(1)、對他說「謝謝」。

(2)、不發一言的看著對方。

解答 (1)

## 解說

當你接到形同對方的人格、顏面那麼重要的名片時，如果不發一語的看著對方，不是很奇怪嗎？

(1)必須向對方道謝。

(2)當拿到對方的名片時，一定要仔細的看一遍，如果他的姓名中有奇怪的字時，可以請教他怎麼唸，或者說「您的姓氏很特殊啊！」稍微寒暄一下，然後再把名片放在桌上，以便記住對方的名字。

## BASIC—6 交換名片

### 交換名片的時機

**如果對方也同時拿出名片，應該怎麼辦呢？**

(1)、首先用兩手接下對方名片後，再以兩手將自己的名片遞給對方。

(2)、對方已經兩手遞出名片，於是就將自己的名片越過對方的名片遞過去。

(3)、用右手將自己的名片遞到對方的左手上，同時用自己的左手接對方的名片。

**解答** (3)

## 解說

普通交換名片時都不是只有單方會遞出，經常都是互相交換的，也就是同時交換。而人只有兩隻手，如果一定要兩手遞、兩手收，那麼兩人都無法同時作到，而且通常是兩人都用右手拿自己的名片，然後另一隻手拿名片夾，如此一來對方應用那一隻手接名片呢？

答案是對方的左手（名片夾之上）。

你應該先報出自己的名號，然後用右手拿著名片放在對方的名片夾上，同時對方也應該會將名片放在你的名片夾上。

## BASIC—7 介紹

### 介紹上司與對方經理認識時，順序為何？

你與上司劉協理一起去拜訪客戶，而劉協理與林經理是第一次見面，應該如何介紹呢？

(1)、林經理，這是我們公司的劉協理；劉協理，這位是林經理。

(2)、劉協理，這位是林經理；林經理。這位是劉協理。

**解答** (1)

## 解說

交換名片時已學到在下位者要先報出自己的名號，介紹雙方時也是一樣的道理，也就是應將下位者介紹給上位者，如果是男性與女性時，則要先將男性介紹給女性。

在此設定之下，雖然你的上司是協理、而對方只是經理，頭銜上說來似乎你的上司為上位，但因為對方是客戶，在必須尊重客戶的立場下，(1)才是正確說法，必須先將自己公司的人介紹給對方。

(2)的介紹法正好相反了，如果這麼做就好像你比較尊重自己的協理而不尊重對方的經理一樣。

# BASIC——8　約定會面

## 拜訪允諾的取得法

**當你想取得去對方拜訪的約定時，應該怎麼說較好？**

(1)、最近我想拜訪您，不曉得您忙嗎？
(2)、最近我想拜訪您，不曉得您什麼時候比較方便？
(3)、最近我想拜訪您，不曉得這個星期四您的時間方便嗎？
(4)、今天我想拜訪您，不曉得您時間上方便嗎？
(5)、我已經來到附近，不曉得您是否能抽空與我見面？

解答(2)

## 解說

推銷的基本原則就是要「勤快的拜訪」，所以經常和對方見面、聊聊天是非常重要的，最好經常找些理由去客戶那兒露個臉，但是拜訪之前應該先以電話預約較好。

(1)這種問法很拙劣，因為他一定會答「嗯！很忙」，忙碌是理所當然的事，所以不要問可以預設答案的問題。你應該說「很抱歉！我知道您很忙」，先把忙的事實講出來，表示已經體貼到對方的忙碌，但是希望他能於忙碌中抽空。也就是說，非常忙碌也有較適合的時間，要問出適合的時間才好。

(3)這種講法過於一廂情願，只考慮到自己方便與否，完全不考慮對方。

(4)這只能使用於好朋友之間。身為一個營業員，要知道突然造訪會造成客戶的困擾，即使客戶答應了，也不應該久留，打個招呼就要告辭。

(5)你在對方公司附近是你自己的事，完全不考慮對方方便與否，這是一種太過自私的講法，無論交情再好都要懂得分寸才行。

BASIC—9　引導

## 引導爲社交禮儀基本中的基本

**當引導客人時，在走廊中應該怎麼做？**

(1)、走在前面是失禮的行為，應該走在身後一至二公尺。

(2)、可以並肩走，一邊聊天。

(3)、走在身前一至二公尺。

**解答 (3)**

引導客人並不是女性員工的專利，男性員工也經常有機會引導，因此必須具備基本常識。

## 解說

在引導之前你應該先告訴來客要帶領他至何處，不能只說「這邊請！」這會造成來客的不安。必須告訴他是否到同一樓層，要去會客室或會議室，先提供正確的資訊給他，不然假使要到其他樓層且又要走樓梯的話，客人心裡會想「到底要我爬幾層樓呢？」

在走廊上時，應該走在客人斜前方一至二公尺，這時不能只顧自己大步往前走。當你初次到訪一個地方，例如新大阪火車站，你一定要邊走邊看，絕對不會按照平常走路的速度，訪客也是一樣的，所以你應該放慢腳步，假如你咚！咚！大步向前，說不定訪客會迷路喔！

上下樓梯時也要走向客人前面三至四階來引導；但是還有另一個說法是「為了怕客人踏空階梯，應該走在身後」，認為應該走在客人身後，不過在引導女性訪客時可能造成她的誤解。

## BASIC——10　引導

### 電梯的引導原則

**搭乘電梯的引導原則，以下何者較適當？**

(1)、進出電梯都以訪客為先。

(2)、搭電梯時自己先進去，出電梯時訪客先出來。

(3)、一邊壓著門、一邊請訪客先進電梯，出電梯時自己也先出去外面壓著門。

## 解答 (2)

## 解說

也許你認為每個答案都可以，但是仔細想想，仍有問題存在，請繼續努力。

搭乘電梯時，因客人是一人或複數而有不同的處理方法，在此我們就一般性來探討。搭電梯時，最好你先進去，出電梯時，客人先出來。這是為了要按電梯的操作鈕。你要趕緊進入電梯內按「開」的按鈕。出電梯時，客人先請。為避免門突然關上，你需要按「開」的按鈕。

但是，當你先進入電梯時，要先出聲說：「對不起，我先進去了！」

(3)的壓門方法較為用力，不雅觀，不瀟灑。

## BASIC—11　引導

# 將訪客引導至會客室時……

**將來客引導至會客室後應做些什麼？**

(1)、請他坐上座。

(2)、因為他是客人，所以喜歡坐那裡就坐那裡。

(3)、直接開始在會客室中說明公司歷史。

## 解答 (1)

## 解說

很多人以為將訪客帶到會客室後責任便結束，而忘了最後一項「讓座」的工作，應該讓客人坐到上座才對。你必須對客人說「這邊請坐」，直到客人就座為止才是責任的終了。如果不這麼做會發生什麼事情呢？當負責人進到會客室後，發現訪客竟坐在下座，他會說：

「不！您怎麼坐在這兒呢？請坐到這裡來。」

客人說：「沒關係，我坐在這裡就可以了！」

這一答一問之間是種精神能源的浪費，時間也浪費了，所謂「時間就是金錢」。

(2)似乎頗有道理，但是你還是要謹守「讓到上座」的原則。

(3)你實在非常熱心，但是最好別這麼做。因為對於一個初來乍到的訪客而言，心裡多少有些緊張，所以你最好去外面泡個茶，好讓他一個人靜一下，這樣還比較親切。而且你還可以告訴他「○○大概五分鐘內會進來」「如果有需要，請儘量使用這裡的電話」，讓他更能安心的等待。

禮儀規範專欄

## 如何成為待人接物的高手

「來者是客」，所以在接待客人時通常會非常小心，但真正的接待並不僅限於此，只要是自己以外的人，不管同事、朋友或親人，都應該用接待客人的同樣態度較為理想。因為對長期相處、十分親近的人，常常在言行舉止上有欠考慮，與第三者的摩擦或人際關係的問題，大都是由此而生。

人類之間的互動可分為五類，有權威式的互動、體貼的互動、冷靜合理的互動、直覺的互動及配合周圍狀況的互動。如果能針對當時的狀況選擇不同的互動，應該就不會產生問題了，但是卻常常在應該冷靜時反而採用權威式互動，或者有時過於體貼而讓人覺得很囉嗦，這就是造成人際問題的原因。

不論對方是客人或是親子都相同，唯有能夠取得互動平衡的人，自己本身才能獲得真正滿足，這也是人之所以被稱為社會性動物的道理所在。

禮儀規範專欄

## 接待賓客的身體語言

身體語言對於人際關係也非常重要，有時透過對方的表情、態度反而可以獲得更多情報。所以自己的表情或身體究竟在表現什麼，也必須加以注意。

基本上任何企業都在「銷售某種商品」，這麼說來，運用讓對方產生「信任」的身體語言就非常重要，尤其對一些名不見經傳的公司或商品更是如此。因此必須充分研究如何讓自己能目視對方、表情沉穩（不等於面無表情）、舉止坦然大方，這與具有商品知識同樣重要。

此外，也同時必須能準確地讀出對方的身體語言。通常看見對方雙手交抱胸前或叉腰的時候，這筆生意就大概談不成了。

藉由每天不斷的觀察，可以讓自己越來越熟練，而且除了言語雄辯之外，觀察每個人的身體語言也是樂趣，可以說是洞察人性的訓練法。對於一些身手巧妙的人可以多加注意，同時學習其長處。

## STEP UP——1　交換名片

### 一人對多數人交換名片時，順序為何？

一人對多數人交換名片時，對方有協理、經理、襄理在場，而你只有一個人，這時的交換順序為何？

(1)、由最近的人開始。
(2)、襄理—經理—協理。
(3)、協理—經理—襄理。

解答 (3)

## 解說

禮儀的基本原則與實際運用有時未必能一致，如果你曾有實際經驗，也許這時會浮現交換名片的景象吧！即使如此，還是應該知道基本原則，掌握住基本順序。

首先，當對方有好幾人時，應該由地位最高的人開始交換，逐次由高至低，不過如果對方有十人或二十人時，就未必要遵照此法則，因為你只有一個人，假使在人群中找人就非常不自然了。可能你根本不清楚地位順序，所以只要儘量依此原則即可，這時也不妨由身旁的人交換起。

## STEP UP——2　交換名片

### 複數對複數的名片交換，順序為何？

複數對複數的名片交換時，對方有協理、經理及襄理，而自己公司有協理、經理以及你，一開始應由誰與誰交換名片，而最後又是誰與誰交換名片呢？

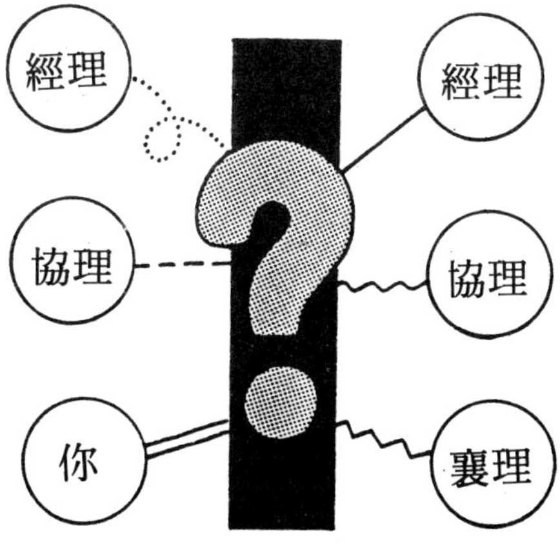

**解答**

最初↓雙方的協理
最後↓對方襄理與你

## 解說

如果能按此原則交換名片，其實是很了不起的事。

首先由雙方協理互相交換名片，雙方協理都是遵從由上而下的基本原則，之後為經理互相交換名片，接下來是對方協理與你，然後是我方協理與對方經理交換，繼續是雙方經理、我方經理與對方襄理、對方經理與你，那麼誰是最後交換名片的人呢?就是襄理與你。簡單說來即為上位交換完畢後再換下位的人。

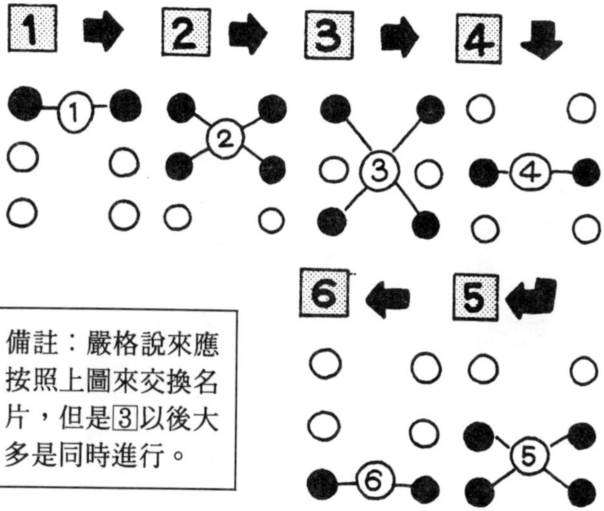


備註：嚴格說來應按照上圖來交換名片，但是③以後大多是同時進行。

## STEP UP——3　交換名片

**很多人一起交換名片時，拿到的名片該如何處理？**

**很多人在交換名片，而你最先拿到的是對方協理的名片，第二張名片是否能重疊在協理的名片上呢？請選出不適當的項目。**

(1)、將名片依次疊在左手（名片夾）上。

(2)、將名片依次放進名片夾下。

(3)、立刻將拿到的名片置於桌上。

解答(3)

## 解說

當你的左手上已經有協理的名片時，接下來又與經理交換名片，這時你可以很困惑要置於何處，因為你想到「名片是代表對方的顏面」、是非常神聖而不可侵犯的，該怎麼辦呢？到底要把經理的名片疊在協理上，或是把經理的名片擺在協理下呢？實在是搞不清楚呀！

這時基本與實際運用就出現差異了，有一位在職十年的營業員認為將名片夾在一起沒有關係，但還是要注意以下幾點。

當你準備和許多人交換名片時，一定要先將自己的名片由名片夾中取出，然後再依次交換。另一方面，你可以將拿到的名片置於名片夾下（也就是手掌與名片夾之間），一張張疊好，結果第一張交換來的名片就會在最上方。

## STEP UP——4　交涉價錢

## 客戶突然開始和你討價還價，該怎麼辦？

**你一人出去銷售，客戶對你說「能不能稍微降低價錢啊？」怎麼辦？**

(1)、由於自己沒有這份權限，所以拒絕。

(2)、與上司商量後再給他答覆。

(3)、雖然沒有辦法完全照他所說的價錢，但是你想大概降個百分之五沒有問題，於是便答應他。

## 解答 (2)

這時不管在任何情況之下，都最好不要答應對方，即使你認為百分之五是可行的，但也許還有其他問題也不一定。

## 解說

也許你覺得扣掉成本及人事費用後，應該還有百分之十的獲利，給他百分之五的折扣應該沒問題，但是沒有考慮到支付時間上也許會帶給公司利息的負擔。所以絕不能一口答應，不然就要要求他付現金才可行。

還有一種情形是獲利只有百分之三，但客戶卻要求百分之五的折扣，這時除非打算作虧本生意，不然是絕對無法答應的，除非為了與同業競爭，寧可花點本錢來得到這個客戶。

有時候可能會變成不可能，而不可能也許會變可能，交易的複雜性正在於此，所以在你尚未獨當一面之前，最好不要依自己的判斷決定價格。

## CHECK——1　拜訪其他公司

**到其他公司拜訪時，以下項目正確請劃○，不正確請劃×，並指出錯誤之處。**

(1)、等待時可以就近觀察室內的匾額或花瓶等，以作為進入商談前的話題。

(2)、等待時送來的茶水，擺在一邊不喝，直到負責的人出現為止。

(3)、當負責的人進入會客室時，要同時站起來寒暄。

(4)、交換名片時必須站著。

(5)、交換名片之後，如果不會唸對方的名字時，要當場請教對方。

(6)、碰到奇怪的姓名時，對他說「您的名字相當少見」是失禮的行為。

(7)、商談結束的告別語，應該由拜訪的一方提出。

## 解答／解說

(1)×　不可在室內來回走動，但可以用目光環視室內的佈置，如果看到什麼名畫之類，可以作為商談前的話題。當然你得要有這方面的素養才行。

(2)×　對於奉茶給你的人一定說「謝謝」，可不需客氣地拿起來喝。但是，如果商談的是十分嚴重的事情時，也可以放置不喝。

(3)○　不要因為你已坐在下座而不注意這一點，當負責的人走進時一定要站起來，而且直到他請你坐時才就座，這是禮貌。

(4)○　禮貌上要站著交換名片。

(5)○　要馬上當場確認，否則不知道要如何稱呼對方。

(6)×　這樣做並不失禮，但是姓名特殊的人經常被人這麼說，所以不見得喜歡再聽到這種話。

(7)○　與打電話相同，要由打電話的一方先掛上電話才禮貌，拜訪時則由拜訪的一方提出「打擾您很久了，該告辭了……」。

## CHECK—2　來客應對

**以下是有關來客應對的句子，請將正確的劃○，不正確的劃×，並指出錯誤之處。**

(1)、工作中有客人來訪，因為正在忙所以可以用「他和我沒有關係」的話一口拒絕。

(2)、訪客如果帶有外套或傘時，要問他「我幫你放起來好嗎？」

(3)、要進入室內時，若門是關著的，應該先敲門。然後如果是外開式的門，就開門請訪客先進入，如果是內開式的門，就開門先進入壓著再請訪客進入。

(4)、請訪客坐在上座時，若他很客氣的堅持坐在下座，你也不必勉強他一定坐上座。

(5)、送行時應該一直站在會客室或會議室門口，以目光目送訪客離去。

## 解答／解說

(1)× 「來客」與「工作忙碌」間的取捨，應該以「來客」為優先順位，或許對方能帶來上億的交易也不一定。即使不是如此，澆對方一盆冷水也是相當殘忍的事。

(2)○ 坦白說，能注意到這一點的員工並不多見，所以你若能注意到就表示你相當優秀了。

(3)○ 若門為外開式時，就直接將門打開，你的身體站在門與牆壁間三分之二處。內開式的門時，你就先開門進去，然後站在裡面請客人進入。

(4)○ 有些訪客非常的謙虛、採取低姿態，即使不是如此，他也可能是為某種銷售目的而來，站在他的立場實在不應坐在上座，如果你勉強他反而覺得你「多管閒事」。

(5)× 送行的型態有很多種，不見得一定要站在門口，依自己或對方的狀況，送行方式有各種選擇，例如可能送到門口，或送到電梯口，有時要送到客人上車為止……等。

但是，重點是你絕不可轉頭就走，一定要用目光目送一會兒。

# 第五章

## 婚喪喜慶

——衡量一個人氣度的指標

有些人一聽到「婚喪喜慶」這四個字便退避三舍，因為誰也沒有豐富的經驗，當然會覺得不安。但是別人並不會因為你「沒有經驗」而容許你做鬧笑話的事，對於婚喪喜慶對當事人來說，可能都是一生只有一次，所以即使當配角也要作好配角的角色。

也許你會覺得「最討驗這種繁文縟節了」，但是婚喪喜慶的原意就是為了慶賀對方或追悼往者而起的，本來應該就相當樸素隆重。例如紅色在中國人心目中代表著吉祥，所以禮金袋當然要用紅色的。

慢慢的規矩形式化了，變成社會的繁文縟節，而你既然已經成為社會人，就應該遵循社會的成規。

遵守這些繁文褥節對當事人可以得到滿足、對年紀大的人可以得到安心，那你何不默默的扮演好自己的角色呢？

## BASIC——1　結婚典禮

### 參加結婚典禮時應穿著何種服裝？

**什麼樣的服裝適合參加結婚典禮，請選出合適的項目。**

(1)、婚禮在白天時穿著一般禮服。
(2)、婚禮在晚上時穿著晚禮服。
(3)、晚禮服大都是演藝人員才穿著，所以最好不去穿它。
(4)、白天晚上都可以穿著晚宴服或一般西裝即可。

**解答 (4)**

## 解說

白天的婚宴服裝以晨禮服最為正式，通常是新郎穿著，所以你不能穿。另一方面，即使參加晚宴也不需穿著燕尾服，這會像小丑一般，你只要穿著一般西裝或晚宴服，不管白天晚上都適宜。

通常國人不管任何場合都是一套西裝穿到底，為了改變這種刻板的印象，最近有些人在正式場合便不穿西裝而穿晚宴服。必須注意的是，穿著上必須有自己的品味，不然別人會以為你是旅館小弟呢！

不管穿著晚宴服或深色西裝，服裝的本身都是為了襯托你的紳士本質，所以，最好要考究布料與手工。

禮儀規範專欄

## 不必害怕餐桌禮儀

參加婚喪喜慶等正式場合時，或許餐桌上會使用你並不熟悉的碗盤、餐具，這時你可能因為太害怕而不知道怎麼喝、怎麼吃。

但是這並沒有什麼可恐懼的，只要不造成四周人的困擾，例如喝湯稀哩呼嚕的非常大聲等，就不可以按照自己的方式來使用。

酒的選用有時會配合餐點而有所不同，如果你搞不清楚，可以詢問服務生，由他們來為你服務。這沒什麼不好意思的，就是因為不知道才要問啊！

「不知道」其實不是可恥的事，不僅限於餐桌禮儀，任何事情都一樣，你不必假裝知道。而且在身體力行之後，就會發現「其實很簡單」，別人也會給你「態度自然大方」的評價。

BASIC——2　結婚典禮

## 參加結婚典禮的禮金應該是多少？

**朋友的結婚典禮該包多少禮金？**

(1)、一千元
(2)、一千六百元
(3)、二千元
(4)、三千元

解答 (3)

解說

以下是目前禮金行情的一覽表。禮金行情並不是絕對的，也會因個人的交情、宴客的地點而有所不同，一流大飯店與家庭式飯桌的禮金多少相當不同，以下僅作為參考。

●結婚禮金的行情（單位：元）

| 對象 | | 20歲左右 | 30歲左右 |
|---|---|---|---|
| 公司關係 | 上司 | 2仟 | 2仟 |
| | 同事 | 2仟 | 2～3仟 |
| | 部屬 | 2～3仟 | 3仟 |
| 朋友 | | 2仟 | 3仟 |
| 兄弟、姊妹 | | 5仟 | 1萬 |
| 親戚 | 表親 | 2～3仟 | 2～3仟 |
| | 姪甥 | — | 5仟 |
| 鄰居 | | 1仟 | 2仟 |
| 其他有關係的人 | | 2～3仟 | 2～3仟 |

## BASIC——3 喪禮

## 要到某人靈前致祭時，服裝應該怎麼辦？

**當你接到不幸的消息，需要去某人靈前上香時，以下何者較好？**

(1)、穿著黑色西裝前往。
(2)、穿著樸素服裝前往。
(3)、穿著晚宴服、打上黑領結。
(4)、帶著奠儀前往。

解答 (2)

## 解說

當你接到某人不幸過世的消息，想去靈前上香時，不必特意穿著正式服裝，只要穿著樸素的去弔問即可。

如果要參加告別式，對服裝就要有所要求了，最好穿著黑色西裝前往。但是有時社會新鮮人剛踏入社會，並沒有準備黑色西裝，尤其是離鄉背井的人更是如此，你可以在車站附近的商店買一條黑領帶，黑色西裝卻不是一天、二天就能準備好的。所以，既然你已經踏入社會，還是先準備一套黑西裝，以備不時之需。

## BASIC—4　葬禮

## 奠儀應該包多少？

**以下奠儀金額該選擇多少？**

(1)、一百元
(2)、五百元
(3)、一千元
(4)、三千元

解答 (2)

解說

奠儀其實也沒有固定行情，端視你與喪家的交情而定。必須注意的是，包賀禮時應該要雙數，而包奠儀則應該要單數。如果是因公司的關係，最好先請教其他同事包的數目。

另外，和結婚禮金相反，包結婚禮金最好用新鈔，而奠儀不應使用新鈔，非用不可時，也要將鈔票揉皺，讓它變舊一點。

●奠儀的行情（單位：元）

| 對象 | | 20歲左右 | 30歲左右 |
|---|---|---|---|
| 公司關係 | 上司 | 5佰 | 5佰～7佰 |
| | 同事 | 5佰 | 5佰～7佰 |
| 朋友 | | 7佰 | 1仟 |
| 同事、朋友的人 | | 3佰 | 3佰 |
| 兄弟、姊妹 | | 5仟 | 5仟 |
| 親戚 | 祖父母 | 1仟 | 1仟 |
| | 長輩 | 1仟 | 1仟 |
| | 其他 | 5佰～1仟 | 1仟 |
| 鄰居 | | 5佰 | 5佰 |
| 其他有關係的人 | | 7佰 | 7佰 |

## BASIC—5　葬禮

# 燒香應該燒幾次呢？

**燒香應該燒幾次較合適？**

(1)、一次
(2)、二次
(3)、三次
(4)、不一定

## 解答 (4)

## 解說

關於這個問題，我想應該因人而異，由於每個人信仰的宗教不同、燒香次數也不同。但是上香時最好多觀察別人怎麼做，依樣畫葫蘆就對了。基本上，來到靈前應先向遺族家屬鞠躬，然後面向靈位合掌敬禮，捻香一至三次落進香爐中，下一步再合掌，向僧侶、遺族鞠躬，每個動作都要緩慢進行。

## STEP UP——1　結婚典禮／葬禮

### 結婚典禮與喪禮時間衝突時，何為優先？

**原本已經預定要出席結婚典禮，卻突然接到恩師的葬禮通知，應該出席那一方呢？**

(1)、不參加結婚典禮，去參加葬禮。
(2)、不參加葬禮，去參加結婚典禮。

解答 (1)

## 解說

這正是考驗你對事情輕重緩急的判斷及人性的時候，結論是「無論如何要排除萬難去參加喪禮」。

不管你參不參加結婚典禮，對當事者二人的幸福而言都沒有關係，但是喪禮就不同了，因為喪禮是你對故人最後一次緬懷的機會，而且喪禮大多是突然而來，即使不與婚禮時間衝突，也可能與其他事情相衝突，所以這時為了表達誠意，一定要排除萬難前去致意。

在拒絕婚禮邀請時，千萬不能說「對不起，我要去參加葬禮」這種犯忌的話，應該另外找一個突然的理由，例如「突然緊急出差」等。

STEP UP——2　喪禮

## 同事的家屬遭受不幸，應該確認何事？

**公司的同事通知你他的家人不幸過世，在電話中你應確認何事？請將空格填上。**

- 守靈的日期、時間及地點
- （　）
- 葬禮的形式（宗教等）
- 喪主的姓名、住址及電話號碼

**解答**　喪禮（告別式）的時間、地點

## 解說

當你接到上述電話時，一定要確認這些事情，以便讓上司及同事能抽空參加、準備花圈輓聯或奠儀等。如果是同期的同事有喪事，你不妨與同期同事一起致贈奠儀。

## STEP UP——3　探病

### 探病送什麼花才對

**探病送花時，選些什麼花較好？請由以下來選擇。**

(1)、石斛蘭
(2)、非常香的花
(3)、不香的花
(4)、仙客來
(5)、全白的花束
(6)、全紅的花束
(7)、各色的花束
(8)、菊花
(9)、椿花
(10)、盆栽
(11)、八仙花

**解答** (1)(3)(7)

**解說**

探病送花時，最好避免贈送令人有不好聯想的花，另外太香的花會令病人不舒服，也應避免。

探病的花是有所忌諱的，不能不將它搞清楚。

- 仙客來……往生的聯想
- 椿花……首級掉落的聯想
- 菊花……葬禮的聯想
- 八仙花……容易褪色
- 白色花束……葬禮的聯想
- 紅色花束……血的聯想
- 盆栽……病房內不宜培養植栽

以上都會給人不好的聯想，最好不要送這些花為上策。

## STEP UP——4　信函

### 糟糕！忘記回賀年卡了

**收到別人寄來的賀年卡，雖然你一直叮嚀自己要記得回，但還是忘記了，而且也過了說「恭賀新禧」的時期，怎麼辦呢？**

(1)、打電話致歉。
(2)、在農曆年間還是可以回賀年卡。
(3)、什麼也不做。

**解答 (2)**

## 解說

歲末年初時，你可能因為去賞雪、去國外旅行而錯失了寫賀年卡的時機，而且有時會懶得再提筆回函。

但這是相當失禮的事，也許你沒有給別人回函所造成的影響，會比想像中還大。對方既不是你的爸爸也不是媽媽，他們不會覺得「你沒有消息就是好消息」，而會認為你是故意疏遠，就可能因此而失去一些好朋友了。

這時最好的做法就是提筆回一封卡片，不管什麼卡片都可以，只要藉此表達你的祝福及思念即可。使用電話當然不行，因為人與人連絡的方法，是由親自拜訪↓寫信↓電話的順序降下，如果別人寫卡片給你，你當然只能回覆卡片，這是禮貌。

## CHECK—1　婚喪喜慶

**以下是有關婚喪喜慶的禮儀，正確請劃○，錯誤請劃×，並指出錯誤之處。**

(1)、不管任何宗教，奠儀信封一定是白色的。

(2)、參加喪禮時，一定要與遺族家屬打招呼。

(3)、參加喪禮要告辭時，必須向遺族家屬說「再見」。

(4)、送上位者鞋子、襪子或褲子是失禮的行為。

(5)、刀劍或玻璃器皿表示緣份會被「切斷」或「破碎」之意，所以不能作為新婚賀禮。

(6)、祝賀新居落成，不能送打火機或火爐等與火有關之物。

## 解答／解說

(1)○

(2)×　只需要在收禮處打招呼即可，不必特意向遺族問候，如果有機會碰面說話時，再說句「請節哀順變」。

(3)×　參加喪禮要告辭時，不要直接向遺族打招呼，因為在喪禮中送別會產生不好的聯想，所以遺族也不會特別送客。其實在這種場合並不需要用言語表示悲哀，只要由心中傳送致哀之意即可。

(4)○　贈送在上位者鞋、襪或褲子等物，是十分失禮的行為。

(5)○

(6)○　因為與火有關之物會引起失火的聯想。

禮儀規範專欄

## 第二、三年該如何度過？

1、以指示十α的態度工作……第一年的新鮮人可以容許只依指令行事，但之後必須主動在指令之外完成更好的成績，這才是一個能幹的員工。

2、打破現狀……不要滿足於現狀，應該經常思考是否有更好的解決方案。

3、訂定目標……可以視優秀的上司或前輩為榜樣、目標，經常學習他們的工作態度。

4、受眾人喜愛……最好的上司、前輩、晚輩都維持良好的關係，以便在公司內有良好的人際網絡。

5、把握自我推銷的關鍵……例如把字練得更工整、相片照得更好，在工作之外培養得意的優點。

6、別遺忘好奇心……對任何事物仍然保持高度興趣。

7、自我磨練……利用讀書、旅行或學習外語、選購一套適合自己的西裝等，對自己作投資。唯有能夠自我磨練的人才能確實掌握機會。

| | | | |
|---|---|---|---|
| ⑩性格測驗10 | 由裝扮瞭解人心 | 淺野八郎著 | 140元 |
| ⑪性格測驗11 | 敲開內心玄機 | 淺野八郎著 | 140元 |
| ⑫性格測驗12 | 透視你的未來 | 淺野八郎著 | 140元 |
| ⑬血型與你的一生 | | 淺野八郎著 | 160元 |
| ⑭趣味推理遊戲 | | 淺野八郎著 | 160元 |
| ⑮行爲語言解析 | | 淺野八郎著 | 160元 |

## ・婦 幼 天 地・電腦編號16

| | | |
|---|---|---|
| ①八萬人減肥成果 | 黃靜香譯 | 180元 |
| ②三分鐘減肥體操 | 楊鴻儒譯 | 150元 |
| ③窈窕淑女美髮秘訣 | 柯素娥譯 | 130元 |
| ④使妳更迷人 | 成　玉譯 | 130元 |
| ⑤女性的更年期 | 官舒妍編譯 | 160元 |
| ⑥胎內育兒法 | 李玉瓊編譯 | 150元 |
| ⑦早產兒袋鼠式護理 | 唐岱蘭譯 | 200元 |
| ⑧初次懷孕與生產 | 婦幼天地編譯組 | 180元 |
| ⑨初次育兒12個月 | 婦幼天地編譯組 | 180元 |
| ⑩斷乳食與幼兒食 | 婦幼天地編譯組 | 180元 |
| ⑪培養幼兒能力與性向 | 婦幼天地編譯組 | 180元 |
| ⑫培養幼兒創造力的玩具與遊戲 | 婦幼天地編譯組 | 180元 |
| ⑬幼兒的症狀與疾病 | 婦幼天地編譯組 | 180元 |
| ⑭腿部苗條健美法 | 婦幼天地編譯組 | 180元 |
| ⑮女性腰痛別忽視 | 婦幼天地編譯組 | 150元 |
| ⑯舒展身心體操術 | 李玉瓊編譯 | 130元 |
| ⑰三分鐘臉部體操 | 趙薇妮著 | 160元 |
| ⑱生動的笑容表情術 | 趙薇妮著 | 160元 |
| ⑲心曠神怡減肥法 | 川津祐介著 | 130元 |
| ⑳內衣使妳更美麗 | 陳玄茹譯 | 130元 |
| ㉑瑜伽美姿美容 | 黃靜香編著 | 150元 |
| ㉒高雅女性裝扮學 | 陳珮玲譯 | 180元 |
| ㉓蠶糞肌膚美顏法 | 坂梨秀子著 | 160元 |
| ㉔認識妳的身體 | 李玉瓊譯 | 160元 |
| ㉕產後恢復苗條體態 | 居理安・芙萊喬著 | 200元 |
| ㉖正確護髮美容法 | 山崎伊久江著 | 180元 |
| ㉗安琪拉美姿養生學 | 安琪拉蘭斯博瑞著 | 180元 |
| ㉘女體性醫學剖析 | 增田豐著 | 220元 |
| ㉙懷孕與生產剖析 | 岡部綾子著 | 180元 |
| ㉚斷奶後的健康育兒 | 東城百合子著 | 220元 |
| ㉛引出孩子幹勁的責罵藝術 | 多湖輝著 | 170元 |
| ㉜培養孩子獨立的藝術 | 多湖輝著 | 170元 |

| | | |
|---|---|---|
| ㉝子宮肌瘤與卵巢囊腫 | 陳秀琳編著 | 180元 |
| ㉞下半身減肥法 | 納他夏・史達賓著 | 180元 |
| ㉟女性自然美容法 | 吳雅菁編著 | 180元 |
| ㊱再也不發胖 | 池園悅太郎著 | 170元 |
| ㊲生男生女控制術 | 中垣勝裕著 | 220元 |
| ㊳使妳的肌膚更亮麗 | 楊　皓編著 | 170元 |

## ・青春天地・電腦編號 17

| | | |
|---|---|---|
| ①A血型與星座 | 柯素娥編譯 | 120元 |
| ②B血型與星座 | 柯素娥編譯 | 120元 |
| ③O血型與星座 | 柯素娥編譯 | 120元 |
| ④AB血型與星座 | 柯素娥編譯 | 120元 |
| ⑤青春期性教室 | 呂貴嵐編譯 | 130元 |
| ⑥事半功倍讀書法 | 王毅希編譯 | 150元 |
| ⑦難解數學破題 | 宋釗宜編譯 | 130元 |
| ⑧速算解題技巧 | 宋釗宜編譯 | 130元 |
| ⑨小論文寫作秘訣 | 林顯茂編譯 | 120元 |
| ⑪中學生野外遊戲 | 熊谷康編著 | 120元 |
| ⑫恐怖極短篇 | 柯素娥編譯 | 130元 |
| ⑬恐怖夜話 | 小毛驢編譯 | 130元 |
| ⑭恐怖幽默短篇 | 小毛驢編譯 | 120元 |
| ⑮黑色幽默短篇 | 小毛驢編譯 | 120元 |
| ⑯靈異怪談 | 小毛驢編譯 | 130元 |
| ⑰錯覺遊戲 | 小毛驢編譯 | 130元 |
| ⑱整人遊戲 | 小毛驢編著 | 150元 |
| ⑲有趣的超常識 | 柯素娥編譯 | 130元 |
| ⑳哦！原來如此 | 林慶旺編譯 | 130元 |
| ㉑趣味競賽100種 | 劉名揚編譯 | 120元 |
| ㉒數學謎題入門 | 宋釗宜編譯 | 150元 |
| ㉓數學謎題解析 | 宋釗宜編譯 | 150元 |
| ㉔透視男女心理 | 林慶旺編譯 | 120元 |
| ㉕少女情懷的自白 | 李桂蘭編譯 | 120元 |
| ㉖由兄弟姊妹看命運 | 李玉瓊編譯 | 130元 |
| ㉗趣味的科學魔術 | 林慶旺編譯 | 150元 |
| ㉘趣味的心理實驗室 | 李燕玲編譯 | 150元 |
| ㉙愛與性心理測驗 | 小毛驢編譯 | 130元 |
| ㉚刑案推理解謎 | 小毛驢編譯 | 130元 |
| ㉛偵探常識推理 | 小毛驢編譯 | 130元 |
| ㉜偵探常識解謎 | 小毛驢編譯 | 130元 |
| ㉝偵探推理遊戲 | 小毛驢編譯 | 130元 |

| | | |
|---|---|---|
| ㉞趣味的超魔術 | 廖玉山編著 | 150元 |
| ㉟趣味的珍奇發明 | 柯素娥編著 | 150元 |
| ㊱登山用具與技巧 | 陳瑞菊編著 | 150元 |

## ・健 康 天 地・電腦編號 18

| | | |
|---|---|---|
| ①壓力的預防與治療 | 柯素娥編譯 | 130元 |
| ②超科學氣的魔力 | 柯素娥編譯 | 130元 |
| ③尿療法治病的神奇 | 中尾良一著 | 130元 |
| ④鐵證如山的尿療法奇蹟 | 廖玉山譯 | 120元 |
| ⑤一日斷食健康法 | 葉慈容編譯 | 150元 |
| ⑥胃部強健法 | 陳炳崑譯 | 120元 |
| ⑦癌症早期檢查法 | 廖松濤譯 | 160元 |
| ⑧老人痴呆症防止法 | 柯素娥編譯 | 130元 |
| ⑨松葉汁健康飲料 | 陳麗芬編譯 | 130元 |
| ⑩揉肚臍健康法 | 永井秋夫著 | 150元 |
| ⑪過勞死、猝死的預防 | 卓秀貞編譯 | 130元 |
| ⑫高血壓治療與飲食 | 藤山順豐著 | 150元 |
| ⑬老人看護指南 | 柯素娥編譯 | 150元 |
| ⑭美容外科淺談 | 楊啟宏著 | 150元 |
| ⑮美容外科新境界 | 楊啟宏著 | 150元 |
| ⑯鹽是天然的醫生 | 西英司郎著 | 140元 |
| ⑰年輕十歲不是夢 | 梁瑞麟譯 | 200元 |
| ⑱茶料理治百病 | 桑野和民著 | 180元 |
| ⑲綠茶治病寶典 | 桑野和民著 | 150元 |
| ⑳杜仲茶養顏減肥法 | 西田博著 | 150元 |
| ㉑蜂膠驚人療效 | 瀨長良三郎著 | 150元 |
| ㉒蜂膠治百病 | 瀨長良三郎著 | 180元 |
| ㉓醫藥與生活 | 鄭炳全著 | 180元 |
| ㉔鈣長生寶典 | 落合敏著 | 180元 |
| ㉕大蒜長生寶典 | 木下繁太郎著 | 160元 |
| ㉖居家自我健康檢查 | 石川恭三著 | 160元 |
| ㉗永恒的健康人生 | 李秀鈴譯 | 200元 |
| ㉘大豆卵磷脂長生寶典 | 劉雪卿譯 | 150元 |
| ㉙芳香療法 | 梁艾琳譯 | 160元 |
| ㉚醋長生寶典 | 柯素娥譯 | 180元 |
| ㉛從星座透視健康 | 席拉・吉蒂斯著 | 180元 |
| ㉜愉悅自在保健學 | 野本二士夫著 | 160元 |
| ㉝裸睡健康法 | 丸山淳士等著 | 160元 |
| ㉞糖尿病預防與治療 | 藤田順豐著 | 180元 |
| ㉟維他命長生寶典 | 菅原明子著 | 180元 |

| | | |
|---|---|---|
| ㊱維他命C新效果 | 鐘文訓編 | 150元 |
| ㊲手、腳病理按摩 | 堤芳朗著 | 160元 |
| ㊳AIDS瞭解與預防 | 彼得塔歇爾著 | 180元 |
| ㊴甲殼質殼聚糖健康法 | 沈永嘉譯 | 160元 |
| ㊵神經痛預防與治療 | 木下眞男著 | 160元 |
| ㊶室內身體鍛鍊法 | 陳炳崑編著 | 160元 |
| ㊷吃出健康藥膳 | 劉大器編著 | 180元 |
| ㊸自我指壓術 | 蘇燕謀編著 | 160元 |
| ㊹紅蘿蔔汁斷食療法 | 李玉瓊編著 | 150元 |
| ㊺洗心術健康秘法 | 竺翠萍編譯 | 170元 |
| ㊻枇杷葉健康療法 | 柯素娥編譯 | 180元 |
| ㊼抗衰血癒 | 楊啟宏著 | 180元 |
| ㊽與癌搏鬥記 | 逸見政孝著 | 180元 |
| ㊾冬蟲夏草長生寶典 | 高橋義博著 | 170元 |
| ㊿痔瘡・大腸疾病先端療法 | 宮島伸宜著 | 180元 |
| 51膠布治癒頑固慢性病 | 加瀨建造著 | 180元 |
| 52芝麻神奇健康法 | 小林貞作著 | 170元 |
| 53香煙能防止癡呆？ | 高田明和著 | 180元 |
| 54穀菜食治癌療法 | 佐藤成志著 | 180元 |
| 55貼藥健康法 | 松原英多著 | 180元 |
| 56克服癌症調和道呼吸法 | 帶津良一著 | 180元 |
| 57Ｂ型肝炎預防與治療 | 野村喜重郎著 | 180元 |
| 58青春永駐養生導引術 | 早島正雄著 | 180元 |
| 59改變呼吸法創造健康 | 原久子著 | 180元 |
| 60荷爾蒙平衡養生秘訣 | 出村博著 | 180元 |
| 61水美肌健康法 | 井戶勝富著 | 170元 |
| 62認識食物掌握健康 | 廖梅珠編著 | 170元 |
| 63痛風劇痛消除法 | 鈴木吉彥著 | 180元 |
| 64酸莖菌驚人療效 | 上田明彥著 | 180元 |
| 65大豆卵磷脂治現代病 | 神津健一著 | 200元 |
| 66時辰療法——危險時刻凌晨４時 | 呂建強等著 | 元 |
| 67自然治癒力提升法 | 帶津良一著 | 元 |
| 68巧妙的氣保健法 | 藤平墨子著 | 元 |

## ・實用女性學講座・電腦編號 19

| | | |
|---|---|---|
| ①解讀女性內心世界 | 島田一男著 | 150元 |
| ②塑造成熟的女性 | 島田一男著 | 150元 |
| ③女性整體裝扮學 | 黃靜香編著 | 180元 |
| ④女性應對禮儀 | 黃靜香編著 | 180元 |

## ・校 園 系 列・電腦編號20

| | | |
|---|---|---|
| ①讀書集中術 | 多湖輝著 | 150元 |
| ②應考的訣竅 | 多湖輝著 | 150元 |
| ③輕鬆讀書贏得聯考 | 多湖輝著 | 150元 |
| ④讀書記憶秘訣 | 多湖輝著 | 150元 |
| ⑤視力恢復！超速讀術 | 江錦雲譯 | 180元 |
| ⑥讀書36計 | 黃柏松編著 | 180元 |
| ⑦驚人的速讀術 | 鐘文訓編著 | 170元 |
| ⑧學生課業輔導良方 | 多湖輝著 | 170元 |

## ・實用心理學講座・電腦編號21

| | | |
|---|---|---|
| ①拆穿欺騙伎倆 | 多湖輝著 | 140元 |
| ②創造好構想 | 多湖輝著 | 140元 |
| ③面對面心理術 | 多湖輝著 | 160元 |
| ④偽裝心理術 | 多湖輝著 | 140元 |
| ⑤透視人性弱點 | 多湖輝著 | 140元 |
| ⑥自我表現術 | 多湖輝著 | 150元 |
| ⑦不可思議的人性心理 | 多湖輝著 | 150元 |
| ⑧催眠術入門 | 多湖輝著 | 150元 |
| ⑨責罵部屬的藝術 | 多湖輝著 | 150元 |
| ⑩精神力 | 多湖輝著 | 150元 |
| ⑪厚黑說服術 | 多湖輝著 | 150元 |
| ⑫集中力 | 多湖輝著 | 150元 |
| ⑬構想力 | 多湖輝著 | 150元 |
| ⑭深層心理術 | 多湖輝著 | 160元 |
| ⑮深層語言術 | 多湖輝著 | 160元 |
| ⑯深層說服術 | 多湖輝著 | 180元 |
| ⑰掌握潛在心理 | 多湖輝著 | 160元 |
| ⑱洞悉心理陷阱 | 多湖輝著 | 180元 |
| ⑲解讀金錢心理 | 多湖輝著 | 180元 |
| ⑳拆穿語言圈套 | 多湖輝著 | 180元 |
| ㉑語言的心理戰 | 多湖輝著 | 180元 |

## ・超現實心理講座・電腦編號22

| | | |
|---|---|---|
| ①超意識覺醒法 | 詹蔚芬編譯 | 130元 |
| ②護摩秘法與人生 | 劉名揚編譯 | 130元 |
| ③秘法！超級仙術入門 | 陸　明譯 | 150元 |

| | | |
|---|---|---|
| ④給地球人的訊息 | 柯素娥編著 | 150元 |
| ⑤密教的神通力 | 劉名揚編著 | 130元 |
| ⑥神秘奇妙的世界 | 平川陽一著 | 180元 |
| ⑦地球文明的超革命 | 吳秋嬌譯 | 200元 |
| ⑧力量石的秘密 | 吳秋嬌譯 | 180元 |
| ⑨超能力的靈異世界 | 馬小莉譯 | 200元 |
| ⑩逃離地球毀滅的命運 | 吳秋嬌譯 | 200元 |
| ⑪宇宙與地球終結之謎 | 南山宏著 | 200元 |
| ⑫驚世奇功揭秘 | 傅起鳳著 | 200元 |
| ⑬啟發身心潛力心象訓練法 | 栗田昌裕著 | 180元 |
| ⑭仙道術遁甲法 | 高藤聰一郎著 | 220元 |
| ⑮神通力的秘密 | 中岡俊哉著 | 180元 |
| ⑯仙人成仙術 | 高藤聰一郎著 | 200元 |
| ⑰仙道符咒氣功法 | 高藤聰一郎著 | 220元 |
| ⑱仙道風水術尋龍法 | 高藤聰一郎著 | 200元 |
| ⑲仙道奇蹟超幻像 | 高藤聰一郎著 | 200元 |
| ⑳仙道鍊金術房中法 | 高藤聰一郎著 | 200元 |

## ・養 生 保 健・電腦編號 23

| | | |
|---|---|---|
| ①醫療養生氣功 | 黃孝寬著 | 250元 |
| ②中國氣功圖譜 | 余功保著 | 230元 |
| ③少林醫療氣功精粹 | 井玉蘭著 | 250元 |
| ④龍形實用氣功 | 吳大才等著 | 220元 |
| ⑤魚戲增視強身氣功 | 宮　嬰著 | 220元 |
| ⑥嚴新氣功 | 前新培金著 | 250元 |
| ⑦道家玄牝氣功 | 張　章著 | 200元 |
| ⑧仙家秘傳袪病功 | 李遠國著 | 160元 |
| ⑨少林十大健身功 | 秦慶豐著 | 180元 |
| ⑩中國自控氣功 | 張明武著 | 250元 |
| ⑪醫療防癌氣功 | 黃孝寬著 | 250元 |
| ⑫醫療強身氣功 | 黃孝寬著 | 250元 |
| ⑬醫療點穴氣功 | 黃孝寬著 | 250元 |
| ⑭中國八卦如意功 | 趙維漢著 | 180元 |
| ⑮正宗馬禮堂養氣功 | 馬禮堂著 | 420元 |
| ⑯秘傳道家筋經內丹功 | 王慶餘著 | 280元 |
| ⑰三元開慧功 | 辛桂林著 | 250元 |
| ⑱防癌治癌新氣功 | 郭　林著 | 180元 |
| ⑲禪定與佛家氣功修煉 | 劉天君著 | 200元 |
| ⑳顛倒之術 | 梅自強著 | 360元 |
| ㉑簡明氣功辭典 | 吳家駿編 | 元 |

| | | |
|---|---|---|
| ㉒八卦三合功 | 張全亮著 | 230元 |

## •社會人智囊•電腦編號24

| | | |
|---|---|---|
| ①糾紛談判術 | 清水增三著 | 160元 |
| ②創造關鍵術 | 淺野八郎著 | 150元 |
| ③觀人術 | 淺野八郎著 | 180元 |
| ④應急詭辯術 | 廖英迪編著 | 160元 |
| ⑤天才家學習術 | 木原武一著 | 160元 |
| ⑥猫型狗式鑑人術 | 淺野八郎著 | 180元 |
| ⑦逆轉運掌握術 | 淺野八郎著 | 180元 |
| ⑧人際圓融術 | 澀谷昌三著 | 160元 |
| ⑨解讀人心術 | 淺野八郎著 | 180元 |
| ⑩與上司水乳交融術 | 秋元隆司著 | 180元 |
| ⑪男女心態定律 | 小田晉著 | 180元 |
| ⑫幽默說話術 | 林振輝編著 | 200元 |
| ⑬人能信賴幾分 | 淺野八郎著 | 180元 |
| ⑭我一定能成功 | 李玉瓊譯 | 180元 |
| ⑮獻給青年的嘉言 | 陳蒼杰譯 | 180元 |
| ⑯知人、知面、知其心 | 林振輝編著 | 180元 |
| ⑰塑造堅強的個性 | 坂上肇著 | 180元 |
| ⑱為自己而活 | 佐藤綾子著 | 180元 |
| ⑲未來十年與愉快生活有約 | 船井幸雄著 | 180元 |

## •精選系列•電腦編號25

| | | |
|---|---|---|
| ①毛澤東與鄧小平 | 渡邊利夫等著 | 280元 |
| ②中國大崩裂 | 江戶介雄著 | 180元 |
| ③台灣•亞洲奇蹟 | 上村幸治著 | 220元 |
| ④7-ELEVEN高盈收策略 | 國友隆一著 | 180元 |
| ⑤台灣獨立 | 森　詠著 | 200元 |
| ⑥迷失中國的末路 | 江戶雄介著 | 220元 |
| ⑦2000年5月全世界毀滅 | 紫藤甲子男著 | 180元 |
| ⑧失去鄧小平的中國 | 小島朋之著 | 220元 |

## •運動遊戲•電腦編號26

| | | |
|---|---|---|
| ①雙人運動 | 李玉瓊譯 | 160元 |
| ②愉快的跳繩運動 | 廖玉山譯 | 180元 |
| ③運動會項目精選 | 王佑京譯 | 150元 |
| ④肋木運動 | 廖玉山譯 | 150元 |

| | | |
|---|---|---|
| ⑤測力運動 | 王佑宗譯 | 150元 |

## •休閒娛樂• 電腦編號27

| | | |
|---|---|---|
| ①海水魚飼養法 | 田中智浩著 | 300元 |
| ②金魚飼養法 | 曾雪玫譯 | 250元 |

## •銀髮族智慧學• 電腦編號28

| | | |
|---|---|---|
| ①銀髮六十樂逍遙 | 多湖輝著 | 170元 |
| ②人生六十反年輕 | 多湖輝著 | 170元 |
| ③六十歲的決斷 | 多湖輝著 | 170元 |

## •飲食保健• 電腦編號29

| | | |
|---|---|---|
| ①自己製作健康茶 | 大海淳著 | 220元 |
| ②好吃、具藥效茶料理 | 德永睦子著 | 220元 |
| ③改善慢性病健康茶 | 吳秋嬌譯 | 200元 |

## •家庭醫學保健• 電腦編號30

| | | |
|---|---|---|
| ①女性醫學大全 | 雨森良彥著 | 380元 |
| ②初爲人父育兒寶典 | 小瀧周曹著 | 220元 |
| ③性活力強健法 | 相建華著 | 200元 |
| ④30歲以上的懷孕與生產 | 李芳黛編著 | 元 |

## •心靈雅集• 電腦編號00

| | | |
|---|---|---|
| ①禪言佛語看人生 | 松濤弘道著 | 180元 |
| ②禪密教的奧秘 | 葉逯謙譯 | 120元 |
| ③觀音大法力 | 田口日勝著 | 120元 |
| ④觀音法力的大功德 | 田口日勝著 | 120元 |
| ⑤達摩禪106智慧 | 劉華亭編譯 | 220元 |
| ⑥有趣的佛教研究 | 葉逯謙編譯 | 170元 |
| ⑦夢的開運法 | 蕭京凌譯 | 130元 |
| ⑧禪學智慧 | 柯素娥編譯 | 130元 |
| ⑨女性佛教入門 | 許俐萍譯 | 110元 |
| ⑩佛像小百科 | 心靈雅集編譯組 | 130元 |
| ⑪佛教小百科趣談 | 心靈雅集編譯組 | 120元 |
| ⑫佛教小百科漫談 | 心靈雅集編譯組 | 150元 |
| ⑬佛教知識小百科 | 心靈雅集編譯組 | 150元 |

| | | |
|---|---|---|
| ⑭佛學名言智慧 | 松濤弘道著 | 220元 |
| ⑮釋迦名言智慧 | 松濤弘道著 | 220元 |
| ⑯活人禪 | 平田精耕著 | 120元 |
| ⑰坐禪入門 | 柯素娥編譯 | 150元 |
| ⑱現代禪悟 | 柯素娥編譯 | 130元 |
| ⑲道元禪師語錄 | 心靈雅集編譯組 | 130元 |
| ⑳佛學經典指南 | 心靈雅集編譯組 | 130元 |
| ㉑何謂「生」　阿含經 | 心靈雅集編譯組 | 150元 |
| ㉒一切皆空　般若心經 | 心靈雅集編譯組 | 150元 |
| ㉓超越迷惘　法句經 | 心靈雅集編譯組 | 130元 |
| ㉔開拓宇宙觀　華嚴經 | 心靈雅集編譯組 | 130元 |
| ㉕真實之道　法華經 | 心靈雅集編譯組 | 130元 |
| ㉖自由自在　涅槃經 | 心靈雅集編譯組 | 130元 |
| ㉗沈默的教示　維摩經 | 心靈雅集編譯組 | 150元 |
| ㉘開通心眼　佛語佛戒 | 心靈雅集編譯組 | 130元 |
| ㉙揭秘寶庫　密教經典 | 心靈雅集編譯組 | 130元 |
| ㉚坐禪與養生 | 廖松濤譯 | 110元 |
| ㉛釋尊十戒 | 柯素娥編譯 | 120元 |
| ㉜佛法與神通 | 劉欣如編著 | 120元 |
| ㉝悟（正法眼藏的世界） | 柯素娥編譯 | 120元 |
| ㉞只管打坐 | 劉欣如編著 | 120元 |
| ㉟喬答摩・佛陀傳 | 劉欣如編著 | 120元 |
| ㊱唐玄奘留學記 | 劉欣如編著 | 120元 |
| ㊲佛教的人生觀 | 劉欣如編譯 | 110元 |
| ㊳無門關（上卷） | 心靈雅集編譯組 | 150元 |
| ㊴無門關（下卷） | 心靈雅集編譯組 | 150元 |
| ㊵業的思想 | 劉欣如編著 | 130元 |
| ㊶佛法難學嗎 | 劉欣如著 | 140元 |
| ㊷佛法實用嗎 | 劉欣如著 | 140元 |
| ㊸佛法殊勝嗎 | 劉欣如著 | 140元 |
| ㊹因果報應法則 | 李常傳編 | 140元 |
| ㊺佛教醫學的奧秘 | 劉欣如編著 | 150元 |
| ㊻紅塵絕唱 | 海　若著 | 130元 |
| ㊼佛教生活風情 | 洪丕謨、姜玉珍著 | 220元 |
| ㊽行住坐臥有佛法 | 劉欣如著 | 160元 |
| ㊾起心動念是佛法 | 劉欣如著 | 160元 |
| ㊿四字禪語 | 曹洞宗青年會 | 200元 |
| 51妙法蓮華經 | 劉欣如編著 | 160元 |
| 52根本佛教與大乘佛教 | 葉作森編 | 180元 |
| 53大乘佛經 | 定方晟著 | 180元 |
| 54須彌山與極樂世界 | 定方晟著 | 180元 |

| | | |
|---|---|---|
| ㊿阿闍世的悟道 | 定方晟著 | 180元 |
| ㊿金剛經的生活智慧 | 劉欣如著 | 180元 |

## •經營管理•電腦編號 01

| | | |
|---|---|---|
| ◎創新經營管理六十六大計（精） | 蔡弘文編 | 780元 |
| ①如何獲取生意情報 | 蘇燕謀譯 | 110元 |
| ②經濟常識問答 | 蘇燕謀譯 | 130元 |
| ④台灣商戰風雲錄 | 陳中雄著 | 120元 |
| ⑤推銷大王秘錄 | 原一平著 | 180元 |
| ⑥新創意・賺大錢 | 王家成譯 | 90元 |
| ⑦工廠管理新手法 | 琪　輝著 | 120元 |
| ⑨經營參謀 | 柯順隆譯 | 120元 |
| ⑩美國實業24小時 | 柯順隆譯 | 80元 |
| ⑪撼動人心的推銷法 | 原一平著 | 150元 |
| ⑫高竿經營法 | 蔡弘文編 | 120元 |
| ⑬如何掌握顧客 | 柯順隆譯 | 150元 |
| ⑭一等一賺錢策略 | 蔡弘文編 | 120元 |
| ⑯成功經營妙方 | 鐘文訓著 | 120元 |
| ⑰一流的管理 | 蔡弘文編 | 150元 |
| ⑱外國人看中韓經濟 | 劉華亭譯 | 150元 |
| ⑳突破商場人際學 | 林振輝編著 | 90元 |
| ㉑無中生有術 | 琪輝編著 | 140元 |
| ㉒如何使女人打開錢包 | 林振輝編著 | 100元 |
| ㉓操縱上司術 | 邑井操著 | 90元 |
| ㉔小公司經營策略 | 王嘉誠著 | 160元 |
| ㉕成功的會議技巧 | 鐘文訓編譯 | 100元 |
| ㉖新時代老闆學 | 黃柏松編著 | 100元 |
| ㉗如何創造商場智囊團 | 林振輝編譯 | 150元 |
| ㉘十分鐘推銷術 | 林振輝編譯 | 180元 |
| ㉙五分鐘育才 | 黃柏松編譯 | 100元 |
| ㉚成功商場戰術 | 陸明編譯 | 100元 |
| ㉛商場談話技巧 | 劉華亭編譯 | 120元 |
| ㉜企業帝王學 | 鐘文訓譯 | 90元 |
| ㉝自我經濟學 | 廖松濤編譯 | 100元 |
| ㉞一流的經營 | 陶田生編著 | 120元 |
| ㉟女性職員管理術 | 王昭國編譯 | 120元 |
| ㊱ＩＢＭ的人事管理 | 鐘文訓編譯 | 150元 |
| ㊲現代電腦常識 | 王昭國編譯 | 150元 |
| ㊳電腦管理的危機 | 鐘文訓編譯 | 120元 |
| ㊴如何發揮廣告效果 | 王昭國編譯 | 150元 |

| | | |
|---|---|---|
| ㊵最新管理技巧 | 王昭國編譯 | 150元 |
| ㊶一流推銷術 | 廖松濤編譯 | 150元 |
| ㊷包裝與促銷技巧 | 王昭國編譯 | 130元 |
| ㊸企業王國指揮塔 | 松下幸之助著 | 120元 |
| ㊹企業精銳兵團 | 松下幸之助著 | 120元 |
| ㊺企業人事管理 | 松下幸之助著 | 100元 |
| ㊻華僑經商致富術 | 廖松濤編譯 | 130元 |
| ㊼豐田式銷售技巧 | 廖松濤編譯 | 180元 |
| ㊽如何掌握銷售技巧 | 王昭國編著 | 130元 |
| ㊿洞燭機先的經營 | 鐘文訓編譯 | 150元 |
| 52新世紀的服務業 | 鐘文訓編譯 | 100元 |
| 53成功的領導者 | 廖松濤編譯 | 120元 |
| 54女推銷員成功術 | 李玉瓊編譯 | 130元 |
| 55ＩＢＭ人才培育術 | 鐘文訓編譯 | 100元 |
| 56企業人自我突破法 | 黃琪輝編著 | 150元 |
| 58財富開發術 | 蔡弘文編著 | 130元 |
| 59成功的店舖設計 | 鐘文訓編著 | 150元 |
| 61企管回春法 | 蔡弘文編著 | 130元 |
| 62小企業經營指南 | 鐘文訓編譯 | 100元 |
| 63商場致勝名言 | 鐘文訓編譯 | 150元 |
| 64迎接商業新時代 | 廖松濤編譯 | 100元 |
| 66新手股票投資入門 | 何朝乾　編 | 200元 |
| 67上揚股與下跌股 | 何朝乾編譯 | 180元 |
| 68股票速成學 | 何朝乾編譯 | 200元 |
| 69理財與股票投資策略 | 黃俊豪編著 | 180元 |
| 70黃金投資策略 | 黃俊豪編著 | 180元 |
| 71厚黑管理學 | 廖松濤編譯 | 180元 |
| 72股市致勝格言 | 呂梅莎編譯 | 180元 |
| 73透視西武集團 | 林谷燁編譯 | 150元 |
| 76巡迴行銷術 | 陳蒼杰譯 | 150元 |
| 77推銷的魔術 | 王嘉誠譯 | 120元 |
| 78 60秒指導部屬 | 周蓮芬編譯 | 150元 |
| 79精銳女推銷員特訓 | 李玉瓊編譯 | 130元 |
| 80企劃、提案、報告圖表的技巧 | 鄭　汶　譯 | 180元 |
| 81海外不動產投資 | 許達守編譯 | 150元 |
| 82八百件的世界策略 | 李玉瓊譯 | 150元 |
| 83服務業品質管理 | 吳宜芬譯 | 180元 |
| 84零庫存銷售 | 黃東謙編譯 | 150元 |
| 85三分鐘推銷管理 | 劉名揚編譯 | 150元 |
| 86推銷大王奮鬥史 | 原一平著 | 150元 |
| 87豐田汽車的生產管理 | 林谷燁編譯 | 150元 |

## •成功寶庫•電腦編號02

| | | |
|---|---|---|
| ①上班族交際術 | 江森滋著 | 100元 |
| ②拍馬屁訣竅 | 廖玉山編譯 | 110元 |
| ④聽話的藝術 | 歐陽輝編譯 | 110元 |
| ⑨求職轉業成功術 | 陳　義編著 | 110元 |
| ⑩上班族禮儀 | 廖玉山編著 | 120元 |
| ⑪接近心理學 | 李玉瓊編著 | 100元 |
| ⑫創造自信的新人生 | 廖松濤編著 | 120元 |
| ⑭上班族如何出人頭地 | 廖松濤編著 | 100元 |
| ⑮神奇瞬間瞑想法 | 廖松濤編譯 | 100元 |
| ⑯人生成功之鑰 | 楊意苓編著 | 150元 |
| ⑲給企業人的諍言 | 鐘文訓編著 | 120元 |
| ⑳企業家自律訓練法 | 陳　義編譯 | 100元 |
| ㉑上班族妖怪學 | 廖松濤編著 | 100元 |
| ㉒猶太人縱橫世界的奇蹟 | 孟佑政編著 | 110元 |
| ㉓訪問推銷術 | 黃静香編著 | 130元 |
| ㉕你是上班族中強者 | 嚴思圖編著 | 100元 |
| ㉖向失敗挑戰 | 黃静香編著 | 100元 |
| ㉙機智應對術 | 李玉瓊編著 | 130元 |
| ㉚成功頓悟100則 | 蕭京凌編譯 | 130元 |
| ㉛掌握好運100則 | 蕭京凌編譯 | 110元 |
| ㉜知性幽默 | 李玉瓊編譯 | 130元 |
| ㉝熟記對方絕招 | 黃静香編譯 | 100元 |
| ㉞男性成功秘訣 | 陳蒼杰編譯 | 130元 |
| ㊱業務員成功秘方 | 李玉瓊編著 | 120元 |
| ㊲察言觀色的技巧 | 劉華亭編著 | 180元 |
| ㊳一流領導力 | 施義彥編譯 | 120元 |
| ㊴一流說服力 | 李玉瓊編著 | 130元 |
| ㊵30秒鐘推銷術 | 廖松濤編譯 | 150元 |
| ㊶猶太成功商法 | 周蓮芬編譯 | 120元 |
| ㊷尖端時代行銷策略 | 陳蒼杰編著 | 100元 |
| ㊸顧客管理學 | 廖松濤編著 | 100元 |
| ㊹如何使對方說Yes | 程　羲編著 | 150元 |
| ㊺如何提高工作效率 | 劉華亭編著 | 150元 |
| ㊼上班族口才學 | 楊鴻儒譯 | 120元 |
| ㊽上班族新鮮人須知 | 程　羲編著 | 120元 |
| ㊾如何左右逢源 | 程　羲編著 | 130元 |
| ㊿語言的心理戰 | 多湖輝著 | 130元 |
| 51扣人心弦演說術 | 劉名揚編著 | 120元 |

| | | |
|---|---|---|
| ㊾如何增進記憶力、集中力 | 廖松濤譯 | 130元 |
| ㊿性惡企業管理學 | 陳蒼杰譯 | 130元 |
| 56自我啟發200招 | 楊鴻儒編著 | 150元 |
| 57做個傑出女職員 | 劉名揚編著 | 130元 |
| 58靈活的集團營運術 | 楊鴻儒編著 | 120元 |
| 60個案研究活用法 | 楊鴻儒編著 | 130元 |
| 61企業教育訓練遊戲 | 楊鴻儒編著 | 120元 |
| 62管理者的智慧 | 程　義編譯 | 130元 |
| 63做個佼佼管理者 | 馬筱莉編譯 | 130元 |
| 64智慧型說話技巧 | 沈永嘉編譯 | 130元 |
| 66活用佛學於經營 | 松濤弘道著 | 150元 |
| 67活用禪學於企業 | 柯素娥編譯 | 130元 |
| 68詭辯的智慧 | 沈永嘉編譯 | 150元 |
| 69幽默詭辯術 | 廖玉山編譯 | 150元 |
| 70拿破崙智慧箴言 | 柯素娥編譯 | 130元 |
| 71自我培育・超越 | 蕭京凌編譯 | 150元 |
| 74時間即一切 | 沈永嘉編譯 | 130元 |
| 75自我脫胎換骨 | 柯素娥譯 | 150元 |
| 76贏在起跑點—人才培育鐵則 | 楊鴻儒編譯 | 150元 |
| 77做一枚活棋 | 李玉瓊編譯 | 130元 |
| 78面試成功戰略 | 柯素娥編譯 | 130元 |
| 79自我介紹與社交禮儀 | 柯素娥編譯 | 150元 |
| 80說NO的技巧 | 廖玉山編譯 | 130元 |
| 81瞬間攻破心防法 | 廖玉山編譯 | 120元 |
| 82改變一生的名言 | 李玉瓊編譯 | 130元 |
| 83性格性向創前程 | 楊鴻儒編譯 | 130元 |
| 84訪問行銷新竅門 | 廖玉山編譯 | 150元 |
| 85無所不達的推銷話術 | 李玉瓊編譯 | 150元 |

## ・處世智慧・電腦編號03

| | | |
|---|---|---|
| ①如何改變你自己 | 陸明編譯 | 120元 |
| ⑥靈感成功術 | 譚繼山編譯 | 80元 |
| ⑧扭轉一生的五分鐘 | 黃柏松編譯 | 100元 |
| ⑩現代人的詭計 | 林振輝譯 | 100元 |
| ⑫如何利用你的時間 | 蘇遠謀譯 | 80元 |
| ⑬口才必勝術 | 黃柏松編譯 | 120元 |
| ⑭女性的智慧 | 譚繼山編譯 | 90元 |
| ⑮如何突破孤獨 | 張文志編譯 | 80元 |
| ⑯人生的體驗 | 陸明編譯 | 80元 |
| ⑰微笑社交術 | 張芳明譯 | 90元 |

| | | |
|---|---|---|
| ⑱幽默吹牛術 | 金子登著 | 90元 |
| ⑲攻心說服術 | 多湖輝著 | 100元 |
| ⑳當機立斷 | 陸明編譯 | 70元 |
| ㉑勝利者的戰略 | 宋恩臨編譯 | 80元 |
| ㉒如何交朋友 | 安紀芳編著 | 70元 |
| ㉓鬥智奇謀（諸葛孔明兵法） | 陳炳崑著 | 70元 |
| ㉔慧心良言 | 亦　奇著 | 80元 |
| ㉕名家慧語 | 蔡逸鴻主編 | 90元 |
| ㉗稱霸者啟示金言 | 黃柏松編譯 | 90元 |
| ㉘如何發揮你的潛能 | 陸明編譯 | 90元 |
| ㉙女人身態語言學 | 李常傳譯 | 130元 |
| ㉚摸透女人心 | 張文志譯 | 90元 |
| ㉛現代戀愛秘訣 | 王家成譯 | 70元 |
| ㉜給女人的悄悄話 | 妮倩編譯 | 90元 |
| ㉞如何開拓快樂人生 | 陸明編譯 | 90元 |
| ㉟驚人時間活用法 | 鐘文訓譯 | 80元 |
| ㊱成功的捷徑 | 鐘文訓譯 | 70元 |
| ㊲幽默逗笑術 | 林振輝著 | 120元 |
| ㊳活用血型讀書法 | 陳炳崑譯 | 80元 |
| ㊴心　燈 | 葉于模著 | 100元 |
| ㊵當心受騙 | 林顯茂譯 | 90元 |
| ㊶心・體・命運 | 蘇燕謀譯 | 70元 |
| ㊷如何使頭腦更敏銳 | 陸明編譯 | 70元 |
| ㊸宮本武藏五輪書金言錄 | 宮本武藏著 | 100元 |
| ㊺勇者的智慧 | 黃柏松編譯 | 80元 |
| ㊼成熟的愛 | 林振輝譯 | 120元 |
| ㊽現代女性駕馭術 | 蔡德華著 | 90元 |
| ㊾禁忌遊戲 | 酒井潔著 | 90元 |
| 52摸透男人心 | 劉華亭編譯 | 80元 |
| 53如何達成願望 | 謝世輝著 | 90元 |
| 54創造奇蹟的「想念法」 | 謝世輝著 | 90元 |
| 55創造成功奇蹟 | 謝世輝著 | 90元 |
| 56男女幽默趣典 | 劉華亭譯 | 90元 |
| 57幻想與成功 | 廖松濤譯 | 80元 |
| 58反派角色的啟示 | 廖松濤編譯 | 70元 |
| 59現代女性須知 | 劉華亭編著 | 75元 |
| 61機智說話術 | 劉華亭編譯 | 100元 |
| 62如何突破內向 | 姜倩怡編譯 | 110元 |
| 64讀心術入門 | 王家成編譯 | 100元 |
| 65如何解除內心壓力 | 林美羽編著 | 110元 |
| 66取信於人的技巧 | 多湖輝著 | 110元 |

| | | |
|---|---|---|
| ⑥⑦如何培養堅強的自我 | 林美羽編著 | 90元 |
| ⑥⑧自我能力的開拓 | 卓一凡編著 | 110元 |
| ⑦⓪縱橫交涉術 | 嚴思圖編著 | 90元 |
| ⑦①如何培養妳的魅力 | 劉文珊編著 | 90元 |
| ⑦②魅力的力量 | 姜倩怡編著 | 90元 |
| ⑦⑤個性膽怯者的成功術 | 廖松濤編譯 | 100元 |
| ⑦⑥人性的光輝 | 文可式編著 | 90元 |
| ⑦⑨培養靈敏頭腦秘訣 | 廖玉山編著 | 90元 |
| ⑧⓪夜晚心理術 | 鄭秀美編譯 | 80元 |
| ⑧①如何做個成熟的女性 | 李玉瓊編著 | 80元 |
| ⑧②現代女性成功術 | 劉文珊編著 | 90元 |
| ⑧③成功說話技巧 | 梁惠珠編譯 | 100元 |
| ⑧④人生的真諦 | 鐘文訓編譯 | 100元 |
| ⑧⑤妳是人見人愛的女孩 | 廖松濤編著 | 120元 |
| ⑧⑦指尖・頭腦體操 | 蕭京凌編譯 | 90元 |
| ⑧⑧電話應對禮儀 | 蕭京凌編著 | 120元 |
| ⑧⑨自我表現的威力 | 廖松濤編譯 | 100元 |
| ⑨⓪名人名語啟示錄 | 喬家楓編著 | 100元 |
| ⑨①男與女的哲思 | 程鐘梅編譯 | 110元 |
| ⑨②靈思慧語 | 牧　風著 | 110元 |
| ⑨③心靈夜語 | 牧　風著 | 100元 |
| ⑨④激盪腦力訓練 | 廖松濤編譯 | 100元 |
| ⑨⑤三分鐘頭腦活性法 | 廖玉山編譯 | 110元 |
| ⑨⑥星期一的智慧 | 廖玉山編譯 | 100元 |
| ⑨⑦溝通說服術 | 賴文琇編譯 | 100元 |
| ⑨⑧超速讀超記憶法 | 廖松濤編譯 | 140元 |

## ・健康與美容・電腦編號 04

| | | |
|---|---|---|
| ③媚酒傳（中國王朝秘酒） | 陸明主編 | 120元 |
| ④藥酒與健康果菜汁 | 成玉主編 | 150元 |
| ⑤中國回春健康術 | 蔡一藩著 | 100元 |
| ⑥奇蹟的斷食療法 | 蘇燕謀譯 | 110元 |
| ⑧健美食物法 | 陳炳崑譯 | 120元 |
| ⑨驚異的漢方療法 | 唐龍編著 | 90元 |
| ⑩不老強精食 | 唐龍編著 | 100元 |
| ⑫五分鐘跳繩健身法 | 蘇明達譯 | 100元 |
| ⑬睡眠健康法 | 王家成譯 | 80元 |
| ⑭你就是名醫 | 張芳明譯 | 90元 |
| ⑮如何保護你的眼睛 | 蘇燕謀譯 | 70元 |
| ⑲釋迦長壽健康法 | 譚繼山譯 | 90元 |

國家圖書館出版品預行編目資料

公司新鮮人的禮儀規範／大榮管理應對研修小組著，
蔡媛惠譯；──初版──臺北市；大展，民86
面；　公分──（社會人智囊；22）
譯自：新入社員のビジネスマナー
ISBN 957-557-697-7（平裝）

1.禮儀

192.31　　86002969



# 公司新鮮人的禮儀規範

ISBN 957-557-697-7

原 著 者／大榮管理應對研修小組
編 譯 者／蔡　媛　惠
發 行 人／蔡　森　明
出 版 者／大展出版社有限公司
社　　址／台北市北投區（石牌）致遠一路二段12巷1號
電　　話／(02) 8236031・8236033
傳　　眞／(02) 8272069
郵政劃撥／0166955－1
登 記 證／局版臺業字第2171號
承 印 者／國順圖書印刷公司
裝　　訂／嶸興裝訂有限公司
排 版 者／千兵企業有限公司
電　　話／(02) 8812643
初版1刷／1997年（民86年）4月

定　　價／180元

大展好書 好書大展

大展好書 好書大展